ARD

WDR

RAU

1. Auflage 1994
© 1994 by Walter Rau Verlag, Düsseldorf
Alle Rechte der Verbreitung in deutscher Sprache,
auch durch Film, Funk, Fernsehen, fotomechanische
Wiedergabe, Tonträger jeder Art und auszugsweisen
Nachdruck, sind vorbehalten.

Umschlaggestaltung: Prof. Stephan Boeder, ARD Design, Köln
Layout: Miguel Carulla, Düsseldorf
Fotos: Cine Relation, IVB (7), Globus Press (2), Autopress (2),
Mercedes (4), Deutsche Verkehrswacht (5)
Illustrationen: Yvonne Erdmann, Düsseldorf
Gesamtherstellung: Walter Rau Verlag GmbH & Co. KG
ISBN 3-7919-0506-6

Gedruckt auf umweltfreundlichem, chlorfrei gebleichtem Papier.

Das große Buch vom 7. Sinn

Das Begleitbuch zur erfolgreichen
ARD-Fernsehserie

Herausgeber:
H. Diether Ebeler
im Auftrag des

Text: Gertrudis Albers

Inhaltsverzeichnis

Vorwort	**8**

Die Geschichte vom 7. Sinn	**10**

Preise 7. Sinn	**21**

Geschichten zum Schmunzeln	**23**
Der Wilddieb	23
Das Angebot	23
Der Stuntman	24
Der Reinfall	24
Skandal	24
Buschtrommeln	25
Verdattert	25

Kinder im Straßenverkehr	**26**
Kinder haben keine Bremse	26
Achtung, Kinderfahrzeuge!	27
Radhelme für Kinder	28
Schule hat begonnen	31

Schulbusse	32
Kinder-Rückhalte-Systeme	35

Erste Hilfe Tips	**36**
Wenn das Auto brennt	36
Unfall – Notfall	38

Wetterbedingtes Verkehrsverhalten	**41**
Laub auf der Straße	41
Fahren bei Nässe	41
Nebel	43
Fahrpraxis im Winter	44
Autobatterie im Winter	45
Plötzlicher Wintereinbruch	47
Schneeketten	48

Gegenseitige Rücksichtnahme	**50**
Aggression und Drängelei	50
Rücksicht auf Fußgänger	52

Radfahrer	**54**
Abbiegen für Radfahrer	54
Dürfen Radfahrer alles?	56
Mountainbikes	57

Krankheit und Alter	**60**
Der weiße Stock	60
Besser hören	62
Rollstuhlfahrer	64
Senioren im Straßenverkehr	66

Motorradfahrer	**67**
Start in die Motorradsaison	67

Schutzhelme und Visiere	68
Sicherheitstraining für Motorradfahrer	70
Bremsen und "fliegen"	72

LKW im Straßenverkehr	**74**
Abstand und Verantwortung	74
Pkw mit Anhänger	74
Per Wohnmobil unterwegs	75
Miet-Anhänger	76

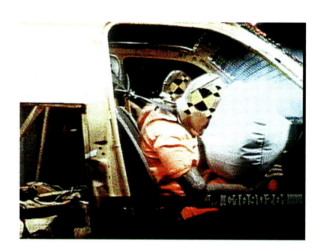

Sicherheitstechnische Neuerungen	**79**
Mit ABS richtig bremsen	79
Airbag	80
ASR	81

Sicherheit rund um das Auto	**83**
Reifenschäden	83
Stoßdämpfer	85
Scheiben	86
Gefährliche Fahrzeugveränderungen	88
Nebelscheinwerfer	90
Beleuchtung	91

Fahrverhalten	**94**
Autobahn: Ein- und Ausfahrten	94
Falschfahrer	96
Baustellen	98
Ausweichen statt aufprallen	100
Parken in der Stadt	101
Falschparker	102
Alkohol und Autofahren	103
Medikamente und Autofahren	106
Rücksicht auf Busse im Nahverkehr	107
Der grüne Pfeil	108

Bagatellschäden und Fahrerflucht	**109**
Fahrerflucht	109

18-Punkte-Fahrt	**110**

Punkte und Fahrerlaubnis	**112**

Verhaltensrecht im Straßenverkehr	**114**
Geschwindigkeit	115
Abstand	116
Überholen	116
Abbiegen	117
Schutz schwächerer Verkehrsteilnehmer	117

Vom Menschen, der im Straßenverkehr ganz anders ist als sonst	**119**
"Immer die anderen" heißt "immer wir selbst"	119
Auch auf der Straße: Manche sind besser als vermutet, manche sind schwächer als wir selbst und brauchen unsere Fairness	121
Das unrühmliche Kapitel – Alkohol und Drogen	122
Was kann nun der Einzelne tun, um die Situation auf unseren Straßen zu verbessern?	122
Zum Schluß noch ein paar kleine Tricks für den Verkehrsalltag	123

Das Risiko steigt rapide	**124**

Licht - Sicht - Sicherheit	**127**

Kinder im Verkehr	**129**
Straßenverkehr – ein künstliches Lebensfeld für Kinder	129
Verkehrsteilnahme und Unfälle der verschiedenen Altersstufen	130
Das unterschiedliche Risiko von Mädchen und Jungen bis zum Erwachsenenalter	130
Beiträge zur Verbesserung der Verkehrssicherheit von Kindern	131
Aufgaben für die Zukunft	132

Parlamente für Kinder	**133**

Schüler lotsen Schüler im Verkehr	**137**

Erlebniswelten und Fahrverhalten junger Leute	**140**
Jugend und gesellschaftlicher Wandel	140
Unabhängigkeit – Selbständigkeit	140
Geschlecht und Risiko	141
Verkehrsverhalten in der Freizeit	142
Disco-Unfälle	142

Wie man lebt, so fährt man	142
Wie richtet man einen Disco-Bus ein?	144

DVR-Sicherheitstraining	**145**
Oldie auf Erfolgskurs	145

Elektro-und Solarmobile	**147**

Führerschein und Fahrerlaubnis	**148**

Das ist neu seit April 1993	**150**

Bußgeldkatalog	**151**

Verwarnungsgeldkatalog	**156**

Warnung für Punktesammler	**164**

Muß man den Alkohol immer meiden?	**165**
Eine Trinktabelle – auf die man sich nicht verlassen darf!	166

Anlaufstellen für Auskünfte	**167**

Stichwortverzeichnis	**170**

Vorwort

Nahezu 28 Jahre dauert mittlerweile die Erfolgsgeschichte des "7. Sinn". Die Sendung ist kurz, lehrreich und gleichzeitig spannend und unterhaltsam, mit einem Wort: professionell gemacht. Die Zuschauer honorieren dies, und die meisten von ihnen haben sich in diesen Kurzfilmen wahrscheinlich schon einmal selbst wiedererkannt, sei es als "Opfer", sei es als "Täter".

Viele Umschreibungen hat die Presse für die kleinste, aber traditionsreiche WDR-Produktion schon gefunden: "3-Minuten-Tatort", "Mini-Sendung mit Maximierung" oder "Die 180 höflich-vorwurfsvollen Sekunden". Mein Vorschlag wäre, das Kind auch weiterhin beim Namen zu nennen. "7. Sinn" – und jeder weiß, was gemeint ist. Der "7. Sinn" wird weiterhin einfühlsam, aber hartnäckig versuchen, uns alle auf die richtige Spur zu bringen. Wer etwa meint, 28 Jahre müßten ausreichen, um die gesamte Bandbreite möglichen Fehlverhaltens im Straßenverkehr zu thematisieren, der irrt gewaltig. Die Zahl der Autos nimmt immer noch zu, die Fahrerinnen und Fahrer sind oft hektisch, ungeduldig und verhalten sich manchmal rücksichtslos. Seit Fahrradfahren wieder in Mode gekommen ist, ergeben sich zusätzlich neue Gefahrenpotentiale, ebenso wie durch die Straßen- und Verkehrsverhältnisse in den neuen Bundesländern. Und leider verunglücken immer häufiger auch Kinder auf unseren Straßen.

Einen "7. Sinn" zu entwickeln ist genauso notwendig wie eh und je. Aufklärung tut not, und wir werden auch weiterhin ein Stück dazu beitragen.

1100 Autos haben die Stuntmen vom "7. Sinn" in den letzten 28 Jahren mit Absicht zu Schrott gefahren. Die nächsten 1000 werden folgen.

Und auch hier, so glaube ich, nimmt der "7. Sinn" eine Sonderstellung ein: Es gibt keine Sendung, die so gut ist und bei der gleichzeitig so viel Schrott produziert wird. Ich hoffe, daß dies so bleibt.

Friedrich Nowottny

Vorwort

Einleitung/Historie

Die Geschichte vom 7. Sinn

Mit ungewöhnlichem Gepäck erschien im November 1964 der Verbandsdirektor der Deutschen Verkehrswacht, Dr. Günter Wind, beim Vorsitzenden der ARD, WDR-Intendant Klaus von Bismarck. "Herr Intendant, ich habe hier 16 000 Tote in der Tasche!" Dieser denkwürdige Satz war die Geburtsstunde der Sendereihe "Der 7. Sinn" im deutschen Fernsehen.

Auf der Suche nach neuen Wegen für mehr Verkehrssicherheit mußte Dr. Wind zunächst Überzeugungsarbeit leisten, obwohl die Motorisierung der Verkehrswelt alljährlich neue Rekordzahlen an Toten und Verletzten produzierte. Der neue Verkehrswacht-Chef, bis dato unbeleckt von Verkehrssicherheitsengagement, sah nach Plakataktionen, Verkehrssicherheitsaktionen und eigenen Filmen für die eigenen Veranstaltungen im publikumswirksamen Fernsehen die Chance schlechthin: "Ich brauche jeden Freitag vor dem Krimi drei Minuten Sendezeit – da schauen viele Leute hin!", erklärte er den Fernsehgewaltigen. Die Unfalldokumentation eines Jahres fegte schließlich die Befürchtung der Fernsehredakteure beiseite, künftig werde jeder x-beliebige Verband Sendezeit haben wollen.

Ein holländischer Film, "De swarte Sess" (Die schwarze Sechs)", und der von Dr. Wind vorgeschlagene Titel eines dänischen Verkehrssicherheitsfilms gaben dem neuen Projekt den Namen "Der 7. Sinn", der eine besondere Einfühlsamkeit und ein ständiges Gefahrenbewußtsein kreieren sollte. Einige Monate lang experimentierten der stellvertretende WDR-Fernsehdirektor Klaus Mahlo und Redakteur Werner Kleinkorres, Dr. Wind und der Verkehrswacht-Abteilungsleiter für Verkehrserziehung, Heinz Engels, mit Gestaltungsentwürfen. Sie schalteten eine bekannte Werbeagentur ein. Aber als ihnen Filme mit Toten und blutigen Verletzten vorgeführt wurden, wußten sie: Das durfte nicht sein!

Der "7. Sinn"-Stil entwickelte sich anschließend aus folgenden Vorgaben:

➤ Kein erhobener Zeigefinger, keine lehrerhafte Attitüde
➤ Keine "Fahrschule der Nation"

Mit ihnen begann die Geschichte des "7. Sinn":
Dr. Günter Wind, Verbandsdirektor der Deutschen Verkehrswacht (Mitte), Klaus von Bismarck, Intendant des Westdeutschen Rundfunks (rechts) und Klaus Mahlo, stellv. WDR-Programmdirektor.

Einleitung/Historie

➢ Keine "dummen und bösen" Kraftfahrer
➢ Nur Tips und Tricks zu noch besserem Fahren
➢ Rasante Folge der Einstellungen
➢ Einfache, aber eindringliche Szenen
➢ Schmissige Musik
➢ Filmlänge unter fünf Minuten
➢ Eine sonore Stimme

Ein Jahr nach dem Antrittsbesuch von Dr. Wind war der Kooperationsvertrag für den "7. Sinn" zwischen der Deutschen Verkehrswacht und dem Westdeutschen Rundfunk unter Dach und Fach. Klaus Mahlo: "Noch heute wird jedesmal auf die Zusammenarbeit mit der Deutschen Verkehrswacht hingewiesen. Der WDR durfte keine finanziell anfechtbaren Transaktionen machen." Deshalb wurde vertraglich geregelt, daß der WDR alle Produktionskosten hinter der Kamera trägt und die Deutsche Verkehrswacht die Kosten für das Geschehen vor der Kamera übernimmt, etwa Kleindarsteller, polizeiliche Sicherung, Demonstrationsautos, Versicherungen usw. Der WDR erhielt das alleinige Redaktionsrecht und darf die Senderechte, auch ins Ausland, verkaufen. Das Recht zur nichtgewerblichen Nutzung ging an die Verkehrswacht: So entstanden Zusammenschnitte für die schulische Verkehrserziehung und Lehrfilme für den internen Gebrauch bei den Verkehrswachten. Die Weitergabe an Fahrschulen war nicht gestattet.

Nach 15-monatiger Vorbereitung ging die Sendereihe zunächst mit Trickfilmen von Alfred G. Wurmser auf die Suche nach dem "Selbstbildnis des deutschen Kraftfahrers". Dann probierte es der Sender mit mehreren Realfilmen.

Aber die "Geburtshelfer" waren auch damit nicht recht zufrieden und beschlossen eine Zäsur: Heinz Engels bot sich an, Exposés für Themenfilme zu liefern und gemeinsam mit einem Filmfachmann eine Gesamtkonzeption zu entwickeln: Das Kolumbus-Ei war gefunden, die Sendereihe erhielt ihr endgültiges Gesicht.

Regisseur und Autor Alfred Noell, der bereits in der Regionalsendung "Hier und Heute" 72 Folgen lang "Tips und Tricks für Autofahrer" vorgestellt hatte, mußte innerhalb von 14 Tagen eine Konzeption vorlegen und begann – ohne Vertrag – mit der Verwirklichung seiner

Regisseur Günter Münch und Kameramann Joachim Tolksdorf konzentrieren sich auf die nächste Dreheinstellung.

Ideen. Folge 12 "Auffahrunfälle" eröffnete Noells "7. Sinn"-Karriere: Mit der Musik, die heute noch den Spot begleitet, mit dem Sprecher Egon Hoegen, dessen Stimme seit über 1100 Folgen zu hören ist, und mit der nach wie vor gültigen Dramaturgie. Schon 1969 flimmerte der Fünf-Minuten-Spot farbig in die Wohnzimmer. Zwar stieg Noell wegen eines beruflichen Wechsels nach 220 Folgen aus, doch ist er seit Anfang 1986 als Auftragsproduzent und Regisseur wieder dabei.

1970 übernahm Günter Münch für 16 Jahre die Regie des "7. Sinn". Er hatte für den WDR Sport- und Motorsportfilme gedreht und ver-

Einleitung/Historie

In luftiger Höhe geht es um einen Film über die Aerodynamik.

schrieb sich nun der Verkehrssicherheit, "mit einem 3-Mann-Team. Viel Geld stand uns nicht zur Verfügung. Der Fahrer machte damals die Tonaufnahmen", erinnert sich Münch.

Rasant, kurz, schnell: Das war das Motto für Kameraführung und Bildschnitte. Kameramann Karel Vesely überraschte immer wieder mit seinen Einfällen. Ihn löste Joachim Tolksdorf ab, und im Laufe der Zeit vergrößerte sich das Team manchmal bis zu zehn Personen. Lange Jahre gehörte auch Emil Lichius als Aufnahmeleiter dazu. Und der Abschleppunternehmer, der dem "7. Sinn" Schrottfahrzeuge für 300 oder 400 Mark beschaffte, hatte einen Kamerawagen mit aufwendigen Installierungen entwickelt. "Die Hydraulik ermöglichte sogar während der Fahrt ein Heraufheben oder Absenken der Bühne. Wir konnten selbst bei Tempo 160 auf dem Wagen drehen!", freut sich Münch heute noch. Aber ungefährlich war es nicht – obwohl sich die Filmer mit Gurten gesichert hatten. Kalt war es übrigens auch!

Im Rückblick nennt Münch eine Reihe der damaligen Gefahrenszenen "superhart": Mehrfaches Überschlagen eines Fahrzeugs bei 130 km/h Geschwindigkeit, Auffahrunfälle mit über 100 km/h, Frontalaufprall auf einen Bau bei 70 km/h.

"Dafür hatten wir ein As als Stuntman: Hermann Joha. Bei den normalen Crashs und Fahrübungen konnten wir die Fahrer Breuer, Katzek, Bönninghaus und Eckstein einsetzen. Die waren mit Leib und Seele dabei." Münch denkt gern an die Zeit zurück, in der Mut zum Risiko durch das Glück des Tüchtigen ausgeglichen wurde: "Es ist nie etwas Ernsthaftes passiert!"

Präparierung für einen Crash: Ein Auto muß gezogen werden, damit es zum geplanten Aufprall kommt.

Auch Ärger blieb nicht aus; dem Spot wurde sein Sendetermin weggenommen: 1973 rutschte er weg vom Freitagskrimi vor den "Bericht aus Bonn" um 21.45 Uhr. Fünf Jahre später stand er erneut zur Disposition. Allen Protesten seiner "Väter" und vieler Zuschauer zum Trotz schubste man ihn ins Freitagnachmittag- und (als Wiederholung) ins Spätprogramm, dann landete er zu wechselnden Zeiten im Sonntagabendprogramm; 1982 wurde er zeitlich gestutzt und donnerstags um 20.15 Uhr hinter die Tagesschau plaziert. Seit 1986 erklingt seine Eingangsfanfare jeden Donnerstag um 21 Uhr.

"Der Erfolg hat viele Väter", zitiert H. Diether Ebeler, der 1982 den WDR-Redakteur Werner Kleinkorres in der Betreuung der populären Sendereihe ablöste: "Zum '7. Sinn' bin ich gekommen wie die Jungfrau zum Kind. Ein hintergründig lächelnder Kollege bat mich, für ihn einen '7. Sinn'-Filmspot für die Sendefrei-

Einleitung/Historie

Bild und Text werden mit der Stoppuhr abgestimmt.

Ernst Thomas ist für den guten Ton verantwortlich.

gabe zu begutachten. Thema: Diabetes am Steuer. Was ich nicht wußte – es war kein Text zu den Bildern vorhanden! Und von dem Thema hatte ich überhaupt keine Ahnung. Ich quälte mir drei Stunden lang halbwegs passende Sätze ab ... Seit damals weiß ich, wie man Diabetes schreibt, und seitdem verantworte ich den '7. Sinn' hier im Haus und traue keinem hintergründig lächelnden Kollegen mehr!"

Ein Glücksfall für ihn: Marlies Brummenbaum, gleichzeitig "Mädchen für alles" und "Seele des Ganzen", war damals schon fast zehn Jahre für den "7. Sinn" tätig und firm in der Organisation. Inzwischen sind bereits über 20 Jahre daraus geworden.

Damit kein falscher Eindruck von der ernsthaft betriebenen Arbeit für die Sendereihe entsteht: Vier WDR-Leute wurden 1986, als der "7. Sinn" 20 Jahre auf dem Buckel hatte, mit dem Bundesverdienstkreuz ausgezeichnet: Regisseur Günter Münch, Redakteur Werner Kleinkorres, Sprecher Egon Hoegen und Fahrer Günter Breuer. Zwei weitere, Kameramann Joachim Tolksdorf und Aufnahmeleiter Emil Lichius, dürfen den Orden seit 1989 tragen.

Ideenreichtum und Routine hatten dem in die Jahre gekommenen Publikumshit beinahe

Als der "7. Sinn" noch nicht in die Jahre gekommen war: Filmabnahme mit (von links) Regisseur Alfred Noell, Redakteur Werner Kleinkorres und Sprecher Egon Hoegen.

Einleitung/Historie

Jahr für Jahr öffentliche Anerkennung in Form von Urkunden, Ampeln, Pokalen, Statuen, Diplomen, Preisen, Medaillen usw. verschafft; die "Goldene Kamera" der Programmzeitschrift "Hör zu" und das "Gong"-Bambi schmücken die Erfolgslatte der filmischen Verkehrssicherheitserziehung ebenso wie internationale Verkehrsfilmpreise und der Preis "Alle Sicherheit dem Kind", ausgesetzt vom Hauptverband der Spielwarenbranche. Noch erstaunlicher der "Dr. Erich Salomon-Preis" der Deutschen Gesellschaft für Photographie für die bestfotografierte Sendung im Deutschen Fernsehen (1979)! Darin finden auch H. Diether Ebeler und Alfred Noell Befriedigung und Genugtuung. Der "7. Sinn", mit die bekannteste ARD-Sendung, ist eben nicht der wöchentliche Bildschirmcrash mit ein paar Tips für Autofahrer, wie er hin und wieder in Presseveröffentlichungen dargestellt wird. Er "verkauft" sein Anliegen, Verkehrsteilnehmer auf Gefahren hinzuweisen und vor Schaden zu bewahren, so gut, daß schon 1967, also ein Jahr nach dem Start, die Prévention Routière Internationale (PRI) den "7. Sinn" mit der Verleihung ihrer "Goldenen Ampel" würdigte. Der internationale Fernsehfilmwettbewerb wurde bei diesem Anlaß in zweijährigem Turnus installiert. Initiator Dr. Günter Wind schätzt den frühen Erfolg des "7. Sinn" auch deshalb, "weil er eine Verbesserung der Qualität von Verkehrsfilmen im In- und Ausland in Gang setzte". Auf die deutsche ARD-Sendereihe gingen seither Ampeln in Gold, Silber und Bronze wie der berühmte warme Regen nieder.

Unter mehr als 40 Auszeichnungen befindet sich ein Paradiesvogel: der Trostpreis "Saure Gurke" der Medien-Frauen für die frauenfeindlichste Sendung – einziger Fleck auf der weißen Weste der Filmemacher (die sich selbst nicht als Machos sehen). Ein Ausrutscher, mit dem sie leben können.

Ihnen tut eine andere Art von Anerkennung mindestens ebenso gut wie die sichtbaren Nachweise bester Fernseharbeit: das Lob der Verkehrsexperten, ob Polizeibeamte auf der Straße, Professoren, Minister, Pädagogen. Die hohen Einschaltquoten – vier bis fünf Millionen Zuschauer sind heute noch die Regel – bezeugen, daß das Fernsehpublikum die Sendung als notwendig und gut aufgebaut akzeptiert. Und: Es gibt Schilderungen von Zuschauern, die sich in brenzligen Situationen retten konnten, weil sie sich an die Ratschläge eines speziellen "7. Sinn"-Spots erinnert hatten!

Das dürfte auch in anderen Ländern und Erdteilen ähnlich sein. Denn der deutsche Dauerbrenner "7. Sinn" fand Liebhaber in über 50 Staaten, darunter Exoten wie Kenia, Papua-Neuguinea, und auch in Lateinamerika. Für kenianische Zuschauer hatten Fahrtips in winterlicher Schneelandschaft mit schleudernden Autos natürlich vor allem hohen Unterhaltungswert. Spotreihen der angeblich erfolgreichsten Verkehrssendung der Welt wurden auch in Länder mit Linksverkehr verkauft und dort gern gesehen.

Der ehemalige WDR-Programmdirektor Günter Struwe wunderte sich nicht darüber: "Die Sendung ist ein Musterbeispiel dafür, wie man wichtige Fragen der Gesellschaft fernsehgerecht aufarbeiten kann." Diether Ebeler: "Jede Ausgabe behandelt in aller Kürze ein einziges Thema. Das bringt viel mehr als eine halbstündige Expertenrunde." Der erhobene Zeigefinger ist überflüssig: "Wir zeigen den Zuschauern, wie es im Verkehr zugeht." Dennoch machte Heinz Engels aus seiner Überraschung kein Hehl: "An eine Serie hätten wir bei der Verkehrswacht damals nie zu hoffen gewagt."

Keiner könnte sich wohl heute den Proteststurm vorstellen, der 1975 die Verbannung der Sendung von Freitag- auf Montag-

abend begleitete. Erst recht drei Jahre später, als der WDR dem "7. Sinn" freitags die beiden Sendezeiten 17.45 Uhr und 23 Uhr zur Verfügung stellte! Klaus Mahlo quittierte das Abschieben des Publikumslieblings leicht zynisch: "In Zukunft wird es eben heißen: Was Sie am Wochenende hätten tun können, um einen Unfall zu vermeiden...". Ein Zuschauer schlug vor, "ruhig mit solchen Schildbürgerstreichen weiterzumachen und demnächst die 'Sesamstraße' auf Mitternacht zu legen", ein anderer urteilte verbittert in der Süddeutschen Zeitung: "Die stolze Kommode, auf dem Balkon gelandet!" Ergebnis: 17 Prozent Zuschauerschwund.

Zum 25-jährigen Bestehen des "7. Sinn" zeichnete Dr. Felix Mottl, Präsident der Deutschen Verkehrswacht, H. Diether Ebeler mit dem Goldenen Ehrenzeichen des Verbandes aus.

In Nürnberg konnte H. Diether Ebeler 1988 den Preis "Alle Sicherheit dem Kind" entgegennehmen, ein Holznegativ, das vom Hauptverband der Spielwarenbranche verliehen wurde.

Das neue Schema blieb ein gravierender Einschnitt. In den Anfangsjahren bis 1973 hatte der feste Platz des Verkehrssicherheits-Ratgebers vor dem Serienkrimi die Sehgewohnheiten der Zuschauer zu einer Institution aufgebaut. Der Sendetermin schien vergleichsweise so sicher wie die 20-Uhr-Zeit für die Tagesschau. Einschaltquoten bis zu 70 Prozent zeugten davon. Damit war nun Schluß. Viele Autofahrer steckten nachmittags im Stau, ein anderer Teil der berufstätigen Zuschauer lag bereits im Bett, wenn Egon Hoegens populäre Stimme verriet, wie man Reifenprofile mißt, Dachgepäckträger belädt oder sich als Autofahrer an Bahnübergängen verhalten soll.

Es kam noch schlimmer. 1982 teilte die ARD ihrem Paradepferdchen den miesesten aller Sendeplätze zu: Donnerstag nach der Tagesschau, wenn bei der ZDF-Konkurrenz die großen Shows und in den dritten Programmen Spielfilme dem "7. Sinn" die Zuschauer wegschnappten. Zudem verbandelte man den

Auf dem Spezialkamerawagen drehte das Team (Tolksdorf, Busch und Münch) manchmal bei "Tempo 160"...

Einleitung/Historie

"7. Sinn" mit dem Reisewetterbericht, der nur von Juni bis September und von Dezember bis März ausgestrahlt wurde. Volker Hauff, damals Bundesverkehrsminister, schaltete sich wegen der ARD-Programmplanung ein und bat um mehr Platz für den Spot, "im Interesse von Millionen Autofahrern". Immerhin können die Zuschauer seit 1986 nun regelmäßig auf den Einschaltknopf drücken: donnerstags um 21 Uhr.

Um die Zeit, als H. D. Ebeler 1982 die Verantwortung für den "7. Sinn" übernahm, veränderte sich allmählich das Straßenbild: die Fahrräder erschienen nach langem Dornröschenschlaf wieder auf. Radler machten die Straßen, den motorisierten Verkehr und die Fußgänger zunehmend unsicher – auch deshalb, weil in vielen Städten die Radwege den Autos zuliebe umfunktioniert worden waren.

Der "7. Sinn" paßte sich an und wandte sich mit seinen Tips auch an die Pedaltreter. Er berücksichtigte Themen für die ebenfalls wieder aufgetauchten Motorradfahrer, deren Zahlen und Unfallzahlen beträchtlich anschwollen, für Skateboarder oder Surfer. Er mahnte alle Gruppen, Rücksicht auf andere, vor allem die Schwächeren, zu nehmen. Daß das Thema "Angurten" heute eben kein Thema mehr ist, daran z. B. hat der "7. Sinn" großen Anteil. Einfädeln an der Autobahn, mit der Stotterbremse einen Unfall verhüten, Fahrverhalten auf nassem Laub oder bei Schnee – von dieser Nachhilfe hat macher Autofahrer in der Praxis profitiert.

„Das wissen wir aus vielen Zuschriften", berichtet H. D. Ebeler. „Auf Raser, Drängler, Spurwechsler, die kein Blinkzeichen geben, auf rücksichtslose Parker, aber auch auf undisziplinierte Radfahrer müssen wir weiterhin einwirken."

Dann erforderte der brachiale Umbruch im Verkehrswesen der jungen Bundesländer die Behandlung auch spezieller Probleme, die das Filmteam vor Ort drehen mußte. An Ideen herrscht nach wie vor kein Mangel. Die Sendung hat ihre Berechtigung, solange alljährlich Hunderttausende von Führerscheinneulingen ihre Fahrerkarriere beginnen und sich die Zahl der Fahrzeuge aller Art ständig vermehrt.

Schmeichelhaft hört es sich nicht gerade an, wenn der "7. Sinn" sich "das Fossil aus der Anfangszeit der ARD" nennen lassen muß. Tatsächlich läuft der "spannendste Kurzkrimi des deutschen Fernsehens", der "Drei-Minuten-Tatort", außer Konkurrenz, seit "Was bin ich?" aus dem Rennen ist. Kaum eine andere Sendereihe hat sich so lange auf dem Bildschirm gehalten: Ende offen. Selbst Bundespräsident Richard von Weizsäcker urteilte: "Die Sendung ist notwendig!"

Was macht diese abendliche Fernseh-Zwischenmahlzeit so unverwüstlich, obwohl sie den deutschen Autofahrer aufs Korn nimmt, der sich am Lenkrad doch meistens für einen überlegenen Könner hält?

➢ Der Inhalt der Botschaft: "Drei höflich-vorwurfsvolle Minuten ohne erhobenen Zeigefinger" (Zitat)
➢ Die Anschaulichkeit der Vermittlung
➢ Die Erwartung des kleinen Nervenkitzels: Wird es krachen? – oder: Wie kann es glimpflich abgehen?

"Das Bewußtsein für gefährliche Situationen können wir nur schärfen, indem wir realistische Abläufe darstellen", erklärt Produzent Noell. "Viele Fahrer haben wenig Ahnung von den Gesetzmäßigkeiten der Fahrphysik. Wir zeigen: Was passiert, wenn man sich so oder so verhält? Aber immer ohne Blut und mit den Tips, wie man Unfälle verhindern und aus prekären Situationen herausfinden kann. Was unterscheidet uns wirklich von der Fahrschule der Nation, die man uns so oft unterstellt?

Einleitung / Historie

Jubiläum beim "7. Sinn": Seit 28 Jahren ist Egon Hoegen (ganz rechts) dabei. Auch Alfred Noell gehörte schon in der Anfangszeit zum Team und "steuert" – nach längerer Pause – seit einigen Jahren wieder die Produktion. H. Diether Ebeler (Mitte links), mehr als zehn Jahre Redakteur der Sendung, und Franz-Joseph Granderath (links, inzwischen nicht mehr im Team) strahlen für den Fotografen.

Intendant Friedrich Nowottny beim "7. Sinn". Von links: Regisseur Günter Münch, sein Nachfolger H. Diether Ebeler und Sprecher Egon Hoegen.

Ein Dummy wird für eine Unfallsituation hergerichtet.

Der Regisseur weist die Polizeibeamten ein: Überraschungen darf es während des Drehens nicht geben.

Einleitung/Historie

Wir unterrichten nicht. Wir helfen den Verkehrsteilnehmern, noch besser zu werden!" Dafür müssen sich die Filmer eine ganze Menge einfallen lassen. Mit optischen Darstellungen und Beispielen physikalische Phänomene sichtbar zu machen, verlangt Köpfchen und Phantasie. Manchmal helfen simple Vergleiche aus dem Alltag – auch wenn der menschliche Kopf keine Melone ist: die aus zwei Meter Höhe fallengelassene Frucht simuliert einen Aufprall mit 20 km/h Geschwindig-

So ein Aufprall muß mit äußerster Präzision geplant und vorbereitet werden. Probeläufe sind unvermeidlich.

keit und macht deutlich, daß auch Radfahrer ihren Kopf mit einem Helm schützen sollten. Schwieriger war es z. B., die "Arbeit" der Autoreifen in Aquaplaningsituationen darzustellen. Das setzt viel technisches Verständnis voraus. In diesem Fall wurde das Aufschwimmen auf einer unter Wasser gesetzten Panzerglasplatte demonstriert; der Vergleich mit einem Wasserskiläufer, der bereits bei "Tempo 17" von der Wasseroberfläche abhebt, reicht für sich allein nicht aus, um das hohe Risiko des schnellen Fahrens bei Wasserglätte wiederzugeben.

Oder die Sorge schwangerer Frauen, der angelegte Sicherheitsgurt schade möglicherweise dem ungeborenen Kind: Ein Dummy wurde mit Schaumstoff gepolstert, um größtmögliche Ähnlichkeit mit dem Umfang einer werdenden Mutter und dem Verhalten des Gurtes auf diesem Körper herzustellen. Bilder überzeugen eben am besten.

Kein Wunder, daß Schulklassen für den Physikunterricht einzelne Filme dieser Verkehrssicherheitsserie anforderten. Auch der Technische Überwachungs-Verein Rheinland verwendet "7. Sinn"- Spots bei der Ausbildung seiner Ingenieure. Alfred Noell ist auf diese Anerkennung seiner Arbeit besonders stolz: "Solche Filme macht nur der '7. Sinn'. Das läuft anders ab als irgendwo sonst mit normalen Testversuchen."

Paradebeispiel ist ein Auffahrunfall als Massenkarambolage. Die Zeitungsmeldung "Lastwagen raste in das Ende eines Staus und schob sieben Fahrzeuge aufeinander. Zwei Tote, sechs Schwerverletzte" kann vom Leser kaum richtig nachvollzogen werden.
Der "7. Sinn" hat deshalb den Ablauf eines solchen Unfalls nachgestellt. Tatfahrzeug: Ein unbeladener, nur fünf Tonnen schwerer Lkw prallt mit einer Restgeschwindigkeit von 70 km/h auf einen Stau von sechs Pkw. Katastrophale Wirkung! Im Zeitlupentempo ist zu beobachten, wie sich die – natürlich leeren – Autos teils unentwirrbar verknäueln und in einen Haufen Schrott verwandeln. Keine Schocktherapie, stattdessen Anschauungsunterricht vor allem für Abstandssünder.

Auch bei weniger spektakulären Unfällen ist absolute Präzision Voraussetzung für das Gelingen solcher Realsituationen. Das beginnt bei der mehrere Wochen dauernden Vorberei-

Einleitung/Historie

Der Fahrer wartet auf sein Kommando – er muß sekundengenau starten, damit die Kamera den Unfall im rechten Moment erfaßt.

tung. Das Beschaffen billiger, aber noch funktionstüchtiger Autos und die Auswahl der Drehorte gelten dabei als leichteste Übungen. Generalstabsmäßig wird jeder Augenblick der Dreharbeiten, die für einen Spot im Schnitt zwei bis drei Tage beanspruchen, zunächst auf dem Papier durchgespielt.
Entfernungen, Geschwindigkeiten werden berechnet, das Team wird zusammengestellt und um Polizei, Feuerwehr, manchmal auch einen Arzt ergänzt. Der Drehort muß gefunden, freigegeben und präpariert, hin und wieder abgesperrt werden.

Manche Unfallfilme benötigen den Einsatz von drei oder vier Kameras plus einer Zeitlupenkamera, um dem Zuschauer den Hergang plausibel vorzuführen. Noell: "Es geht ja nicht um Show-Effekte. Wir wollen zeigen, wie man etwas hätte verhindern können." Relativ simpel wird das Problem gelöst, Autos ohne Fahrer auf die Strecke zu schicken. Ein für das Bildschirmpublikum unsichtbares Schleppseil zieht das Geisterfahrzeug auf der abgesteckten Strecke sekundengenau zur Unfallstelle. Mit Hilfe einer Sollbruchstelle im Seil wird aus der simulierten zum Schluß die echte Szene. Aktionen wie diese klappen nicht immer auf Anhieb. Mit Stoppuhr und Walkie Talkie, Meßband und Tachometer arbeitet sich das Filmteam in Probeläufen bis zum reibungslosen Gelingen durch.

Sind beispielsweise zwei Fahrzeuge für einen Zusammenstoß im Gegenverkehr vorgesehen, so bleibt eines von ihnen "eine unveränderbare Größe", während das andere bei den Proben schneller oder langsamer werden muß, um für die feststehenden Kameras haargenau die Aufprallgeschwindigkeit zu erreichen.

Am spannendsten wird es, wenn mutige Männer, Stuntmen, in riskanten Situationen gebraucht werden. Noell: "Fahrer, die extreme Fahrbedingungen kennen und beherrschen, Rallyefahrer zum Beispiel oder Profis aus dem Showgeschäft, mit toller körperlicher Kondition." Die braucht auch ein Routinier, wenn er bei Tempo 140 im Auto einen Überschlag vorführt (und unverletzt aussteigt, weil er angeschnallt war). Oder der Motorradfahrer, der frontal auf einen Pkw fährt, sich aus dem Sattel hebt und mit der eigenen Geschwindigkeit, mit einem Überschlag über die Motorhaube des Autos hinweg, verhältnismäßig sanft landet: trainierbarer Überlebenssprung!

Wie verhält man sich am Bahnübergang? Bei den Dreharbeiten bockte das Auto – um ein Haar hätte es tatsächlich einen schlimmen Unfall gegeben. Aber der Fahrer kam mit dem Schrecken davon.

Einleitung/Historie

Der Kameramann geht so nah wie irgend möglich an das brennende Auto heran.

Der stürzende Radfahrer muß sein Metier ebenfalls verstehen, wenn er heile Knochen behalten will. Deshalb dürfen Pannen nicht passieren. Da werden das Fahrzeug oder einzelne Fahrzeugteile so präpariert, daß die Kamera einen Zusammenstoß, das Abrutschen bei Eisglätte oder den platzenden Reifen paßgenau erfaßt – es geht um Zentimeter, sowohl für den Film als auch für den Stuntman.

"Männer, die ihre Knochen hinhalten, wollen auf Nummer Sicher gehen", erklärt H. D. Ebeler. "Die setzen sich nicht in Autos ohne Sicherheitsgurte und funktionierende Bremsen!" 20 Jahre lang fuhr ein WDR-Berufsfahrer die Autos für den "7. Sinn" zu Schrott; Günter Breuer, der im Alter von 57 Jahren sagte: "Es reicht!" Daß er bereit war, sozusagen Kopf und Kragen zu riskieren, hatte sich halt so ergeben. Denn auch Alfred Noell, als junger Mann begeisterter Rallyeteilnehmer, war schon sein eigener Stuntman gewesen. Und da hätte es ihn, als plangemäß der Pkw brannte, beinahe erwischt: Das Türschloß klemmte, als er sich aus dem Auto retten wollte. Er trat dann mit den Füßen so fest gegen das Fenster, daß der ganze Rahmen herausbrach und Noell sich doch noch, wie vorgesehen, in Sicherheit bringen konnte.

Auch Günter Breuer hat eine schlimme Situation erlebt und Todesangst ausgestanden. Er sollte ein Auto, das auf einem Bahnübergang stehengeblieben war, mit einem Trick starten: 1. Gang einlegen, anlassen ohne Kupplung und hoppelnd vom Gleis herunterfahren. Ein Güterzug rollte an – aber das Auto bewegte sich nicht, denn vom häufigen Proben war die Batterie leer. Acht Meter schleifte der Zug das Auto mit. Wie durch ein Wunder blieb Breuer unverletzt.

Für eine spektakuläre Rettungsaktion aus dem Wasser hatte sich Alfred Noell selbst in das Auto gesetzt, das von der Kaimauer des Hafens Köln-Niehl aus ins Wasser fiel. Es wurde gefilmt, wie man sich durch geduldiges Warten erst befreien kann, wenn einem das Wasser mindestens bis zum Halse steht. Erst dann läßt sich wegen des Druckausgleichs die Tür ohne Probleme öffnen und gibt den Rettungsweg frei. Die schönste Belohnung für diese, alles andere als angenehme Demonstration – der Probelauf fand in einem Schwimmbad statt –: Schon wenige Wochen später meldete sich ein Liebespaar, das bei Heidelberg mit dem Auto im Neckar gelandet war und sich an die Tips des "7. Sinn" erinnert hatte.

Die beiden schickten einen herzlichen Dankesbrief.

Der Stuntman beweist: Mit angelegtem Sicherheitsgurt übersteht der Autofahrer auch mehrfaches Überschlagen im Fahrzeug unversehrt.

Preise 7. Sinn

➢ **1966 Christophorus-Organpreis**
(für Verkehrserziehung im Hörfunk und für den "7. Sinn"), verliehen von der Christophorus-Stiftung im Verband der Haftpflicht-, Unfall- und Kraftverkehrsversicherer (HUK-Verband) für hervorragende publizistische Leistungen auf dem Gebiet der Förderung der Sicherheit im Straßenverkehr

➢ **1967 Ampel in Gold**
verliehen bei der Internationalen Fernsehkonkurrenz für Verkehrssicherheitsfilme der Prévention Routière Internationale (PRI) in Berlin

➢ **Autoren-Team-Preis**
der Christophorus-Stiftung

➢ **1969 Ampel in Bronze**
der Prévention Routière Internationale (PRI)

➢ **Zweiter Preis**
des Bundesverkehrsministers und des Deutschen Verkehrssicherheitsrates anläßlich der Aktion "Deutlich Fahren", zu der der Deutsche Verkehrssicherheitsrat einen publizistischen Wettbewerb ausgeschrieben hatte. In der Sparte "Rundfunk und Fernsehen" wurde das Team vom "7. Sinn" für hervorragende Mitarbeit an dieser Aktion ausgezeichnet.

➢ **1971 Christophorus-Wiederholungspreis**

➢ **Großer Pokal**
beim III. Internationalen Filmfestival für Verkehrssicherheitsfilme in Zagreb

➢ **1972 Ampel in Gold**

➢ **Ampel in Silber**

➢ **Ampel in Bronze**
der Prévention Routière Internationale (PRI)

➢ **Bambi in Gold**
der Programmzeitschrift "Gong"

➢ **1973 Großer Pokal**
beim IV. Internationalen Filmfestival für Verkehrsfilme in Zagreb

➢ **1974 Ampel in Gold**

➢ **Ampel in Bronze**
der Prévention Routière Internationale (PRI)

Einleitung/Historie

- **1975 Statue in Silber**
  beim V. Internationalen Filmfestival für Verkehrsfilme in Zagreb

- **1976 Sonderpreis**
  des Bundesverkehrsministers, verliehen im Rahmen der 5. Internationalen Fernseh-Konkurrenz (PRI) für einen Film zum Thema "Sicherheitsgurte"

- **Ampel in Gold**
  der Prévention Routière Internationale (PRI)

- **1978 Goldmedaille**
  der Christophorus-Stiftung

- **Ampel in Gold**
  der Prévention Routière Internationale (PRI)

- **Sonderpreis**
  der Stadt Bochum, verliehen im Rahmen der 6. Internationalen Fernsehkonkurrenz (PRI) für den besten Film im Wettbewerb zum Thema "Vorschulische Verkehrserziehung"

- **1979 Goldene Kamera**
  der Programmzeitschrift "Hör zu"

- **Dr. Erich Salomon-Preis**
  der Deutschen Gesellschaft für Photographie für die bestfotografierte Sendung im Deutschen Fernsehen

- **1966 bis 1979 Elf Diplome und Ehrenurkunden bei verschiedenen Wettbewerben**

- **1980 Dankesurkunden**
  der Christophorus-Stiftung

- **1981 Goldmedaille**
  der Christophorus-Stiftung

- **Ampel in Silber**
  der Prévention Routière Internationale (PRI)

- **Dankesurkunden**
  der Christophorus-Stiftung

- **1986 Bundesverdienstkreuz**
  an Günter Münch (Regisseur, Autor)
  Werner Kleinkorres (Redakteur)
  Egon Hoegen (Sprecher)
  Günter Breuer (Fahrer)

- **1987 "Auto-Welt"-Verkehrssicherheitspreis**

- **1988 Preis "Alle Sicherheit dem Kind"**
  vom Hauptverband der Spielwarenbranche

- **Trostpreis "Saure Gurke"**
  der Frauen der Medien

- **1989 Bundesverdienstkreuz**
  an Joachim Tolksdorf (Kameramann) und Emil Lichius (Aufnahmeleiter)

Geschichten zum Schmunzeln

Der Wilddieb

Es war in der Anfangszeit des "7. Sinn". Im Bergischen Land drehte das Filmteam die Folge "Achtung, Wildwechsel!". In einem Waldstück warteten am Straßenrand zwei Rehe –präparierte Ausstellungsexemplare aus dem Bonner Naturkundemuseum König. Auto, Licht, Kamera, Kommando, Einsatz – alles klappte, und daß die Tiere nicht echt waren, würde im fertigen Film niemand bemerken. Feierabend!

Fahrer Edi Eckstein nimmt ein Reh auf die Schulter und macht sich auf den Weg zurück zum Team. Plötzlich quietschen Autoreifen, ruft eine Stimme: "Halt, oder ich schieße!" – der Revierförster stellt einen vermeintlichen Wilddieb! Edi Eckstein soll mitkommen.

Da fällt der Blick des aufmerksamen Försters auf die Polizeiuniform des Beamten, der während des Drehs zum Schutz des Straßenverkehrs eingesetzt war, und er ruft ihm erleichtert entgegen: "Gottseidank, daß Sie schon hier sind!"

"Gottseidank!", dachte auch Edi Eckstein...

Es wurde ein sehr fröhlicher Abend!

Das Angebot

Aus Sandersdorf in der damaligen DDR kam kurz nach der Öffnung der deutsch-deutschen Grenze folgender Brief zur Redaktion des "7. Sinn": "Ich bin schon ein langjähriger Zuschauer Ihrer Sendung. Viele Tips und Anregungen habe ich daraus entnehmen können, auch wenn ich bei einigen landesspezifischen Sendungen nicht genau aufgepaßt habe. Aber wer konnte schon ahnen, daß es auch einmal für uns interessant werden würde, ob die geraden oder ungeraden Umleitungszahlen nach Süden oder Norden weisen.

Was mir die ganzen Jahre aber – und jetzt besonders – jedesmal einen Stich in das Herz gegeben hat, war, wenn Autos zu Schrott gefahren wurden.

Ich habe 1976 mein erstes Auto erworben, einen P 70, Alter 21 Jahre, dann kam 1983 ein Wartburg 311, Alter 19 Jahre, und seit 1987 fahre ich einen Skoda S 100, Baujahr 1971. Alle diese Autos waren, wie der Volksmund sagt, Rostlauben und hätten in Ihrem Land keine Zulassung bekommen. Bei uns bin ich jetzt seit 12 Jahren für einen Pkw angemeldet, und nach Lage der Dinge werde ich wohl noch zwei bis drei Jahre warten müssen. Darum mein Vorschlag: Ich bringe Ihnen meinen Skoda S 100 (natürlich in optisch einwandfreiem Zustand, Boden durchgerostet), mit dem Sie dann ohne irgendwelche Skrupel in den Straßengraben fahren können. Dafür nehme ich den dafür vorgesehenen Pkw mit. Keiner hat einen Schaden, obwohl ich zugebe, die Vorteile liegen nur bei mir. Aber ohne Verwandtschaft in der Bundesrepublik habe ich sonst keine Chance, zu einem vernünftigen Auto zu kommen. Ich bitte um eine positive Entscheidung."

Leider mußte Redakteur Ebeler das Angebot ablehnen: "Unsere wesentlich jüngeren Ge-

Einleitung/Historie

brauchtwagen – oben hui, unten pfui –, die wir zu Schrott fahren, sind meist vom TÜV nicht mehr abgenommen und werden nur für unsere Zwecke präpariert. Glauben Sie, daß die Zulassungsstellen in der DDR dagegen großzügig ein Auge zudrücken würden?"
Anmerkung: Ähnliche Angebote flatterten häufiger auf den Redaktionsschreibtisch, auch aus den alten Bundesländern!

Der Stuntman

Bei Cine Relation-Chef Alfred Noell gehen immer wieder Bewerbungen junger Männer ein, die in Unfallszenen als Fahrer eingesetzt werden wollen. Einer von denen, die sich selbst als mutig bis tollkühn einschätzen, empfahl sich mit einer ganz besonderen Qualifikation für die Karriere im "7. Sinn": "Ich habe schon zehn Protokolle bekommen, weil ich zu schnell gefahren bin!"

Der Reinfall

Mitte der 70er Jahre bemühte sich der "7. Sinn" um die Dreherlaubnis für einen Film in der damaligen DDR, um über die dortige Verkehrssituation und die Bestimmungen im Transitverkehr zu informieren. Nach langwierigen Versuchen sollte es endlich klappen. Doch kurz vor Beginn der Dreharbeiten legte die Agentur "Panorama DDR" den Kölner Fernsehleuten überraschend einen Produktionsvertrag zur Unterschrift vor, mit Auflagen, die der WDR im Interesse einer freien und unabhängigen Berichterstattung nicht akzeptieren konnte: Ablieferung des Konzeptes für die Filmbeiträge und strikte Einhaltung der schriftlichen Vorgaben, Sendekopien und sämtliche Filmrechte für die Agentur sowie die bindende Zusage, daß der WDR die Filme nur mit Einwilligung von "Panorama DDR" an ausländische Fernsehstationen exportieren dürfe. Außerdem sollten für "technische Beratung" 2 500 DM gezahlt werden. Weil außerdem einige der vom WDR vorgeschlagenen Drehorte abgelehnt wurden und die Grenzabwicklung im Transitverkehr nicht gefilmt werden durfte, packte das WDR-Team verärgert seine Siebensachen und reiste unverrichteterdinge ab – ohne Verständnis für solche Einschränkungen, die weder Polen noch die damalige Tschechoslowakei den Filmern des "7. Sinn" auferlegt hatten.
Worüber das Team heute schmunzeln kann: Hätte es damals von vornherein "Grünes Licht" zum Drehen gegeben, wäre die Truppe um ein Haar mit unbrauchbaren Beiträgen heimgefahren! Denn erst kurz vor der Abreise rückte man "drüben" damit heraus, daß in Kürze die Verkehrsregeln geändert würden!

Skandal

Eine nackte Frau im "7. Sinn"? Pfui Teufel! Beschwerden kamen aus der Fan-Gemeinde, vor allem von Eltern, die das sittliche Empfinden ihrer Kinder in Gefahr wähnten. Das war Mitte der achtziger Jahre, und vom Bildschirm flimmerten längst viel freizügigere Szenen. Die Nackte, die in einem Verkehrssicherheitsfilm über Ratschläge zur Ferienzeit in einem Schlauchboot posierte, hatte bereits während des Drehs auf der Autobahn für mächtigen Wirbel gesorgt. Das Schlauchboot befand sich nämlich auf dem Gepäckhalter eines Autodaches, und in Gegenrichtung vorbeibrausende Fahrer reckten die Hälse und

drosselten das Tempo, um die Oben-ohne-Schöne zu bewundern. Das Spektakel bekam Brisanz, so daß der damalige WDR-Fahrer Lichius den Redakteur Ebeler telefonisch davon in Kenntnis setzte: "Ich kann die Verantwortung nicht übernehmen!" Er befürchtete Unfälle durch neugierige Männer am Lenkrad!

Zum Glück bestätigte sich diese Erwartung nicht. Aber was hatte die Nackte eigentlich im "7. Sinn"-Ratgeber verloren? "Nichts!", sagt H. D. Ebeler. Nur ein lustiger Gag, der auf eine nicht ernstgemeinte Floskel hin zustandegekommen war. Ebeler hatte tatsächlich bei der Planung der Sommer-Fahrtips mit Regisseur Münch besprochen: "Macht mal was anderes – nehmt meinetwegen nackte Frauen rein ..." So geschah es. Allerdings fiel der Redakteur dann ebenso aus allen Wolken wie – einige Zeit später – die Zuschauer, die in den Genuß dieses Mißverständnisses kamen.

"Skandal!" witterten auch Heerscharen weiblicher Zuschauer, die ihrer Empörung über einen "7.Sinn"-Beitrag brieflich und telefonisch Luft machten. "Typisch Frau" hieß der Film. Er zeigte Schwierigkeiten beim Anfahren am Hang, verzweifelte Bemühungen beim Einparken in kleine Lücken, den Blick in den Make-up-Spiegel während der Fahrt, hohe, spitze Absätze der Fahrerin und die unbequeme Haltung am Steuer, weil die zu engen Jeans keine entspannte Haltung zuließ (Männer öffnen angeblich sofort den obersten Knopf, wenn der Hosenbund drückt).

Ein Proteststurm erhob sich! Wütende Briefe veranlaßten die Redaktion, aus Proporzgründen ein Pendant zu produzieren. Nur wenige Monate später konnten die Zuschauer in "Typisch Mann" die Schwächen der Männer beim Autofahren wiederfinden: Kavaliersstart, Imponiergehabe, Nasebohren usw. "Nicht ein einziger Protest kam bei uns an", registrierte die Redaktion. Aber den Trostpreis "Saure Gurke" der Frauen der Medien für den frauenfeindlichsten Film gab's dennoch.

Buschtrommeln

Im Allgäu wurde eine "7. Sinn"-Folge über Fahrten im Schnee gedreht. Die zur Verfügung stehenden (Schrott-)Autos wollten sich zunächst nicht an die Vorgaben des Drehbuchs halten; es mußte umdisponiert und ein Zusammenstoß arrangiert werden. Unerwartet fing eins dieser "Models" an zu qualmen – vor den Augen zahlreicher Zuschauer, die das Ereignis hinter den Absperrungen verfolgten. Nichts Aufregendes passierte. Aber kurze Zeit später schon war im nächsten Dorf zunächst von zwei, abends schließlich von vier Toten bei diesem "Unfall" die Rede!

Verdattert

Winterdreh mit viel Schnee: Ein Auto mußte regelrecht im Schnee versinken. Das wußten Skifahrer natürlich nicht, deren Piste fünf Meter an der ausgeguckten Unfallstelle vorbeiführte. Nichtsahnend preschten sie ihren Hang hinunter und sahen plötzlich ein Fahrzeug im Tiefschnee verschwinden! Weniger lustig war es anschließend für das Team, mit viel maschinellem Aufwand das Auto wieder aus den Schneemassen herauszuhieven.

Kinder im Straßenverkehr

Kinder haben keine Bremse

Auch auf der Straße leben Kinder oft in ihrer eigenen Welt. Ohne Überlegung geben sie ihrem Bewegungs- und Spieldrang nach und beachten den Verkehr um sich herum wenig.

Tips vom 7. Sinn

Tip 1: In bewohnten Straßen immer bremsbereit fahren, um sofort anhalten zu können

Tip 2: Jedes Indiz beachten, das auf spielende Kinder hinweist: Ball, Spielfahrzeuge, eine Kindergruppe

Tip 3: Eine parkende Fahrzeugreihe bedeutet Alarmstufe 1, weil sich dort gern Kinder aufhalten

Tip 4: Schon Tempo 50 kann zu schnell sein, um einen schweren Unfall zu verhindern

Das Spielfahrzeug, der Ball, ein kleiner Hund ziehen die volle Aufmerksamkeit auf sich. Ein paar unachtsame Schritte, und vom sicheren Bürgersteig stolpert so ein Knirps auf die Fahrbahn. Selbst eine Vollbremsung kann das Schlimmste nicht verhüten, wenn Autolenker nicht in Habacht-Stellung fahren, sobald Kinder in Fahrbahnnähe auftauchen.

Um sofort anhalten zu können, müssen Autofahrer in solchen Situationen immer bremsbereit sein. Denn nur für den Pedalwechsel vom Gas auf die Bremse braucht man etwa eine Sekunde. Bei Tempo 50 legt das Fahrzeug in diesem Moment schon 14 Meter zurück – viel zu viel, wenn ein Kind plötzlich zwischen parkenden Autos hervorrennt, beim Fangenspielen auf die Straße gerät oder hinter dem wegrollenden Ball herläuft.

Kinder verhalten sich nicht nur spontaner, sie haben auch einen viel längeren "Bremsweg" als erwachsene Fußgänger. Die kindliche Motorik ist noch nicht so weit entwickelt, daß sie ein plötzliches Anhalten aus vollem Lauf zuläßt. Und wenn Kinder im Augenblick der Gefahr abrupt stehenbleiben wollen, kann der eigene Schwung sie immer noch zu Boden reißen.

Motorisierte Verkehrsteilnehmer sollten sich auch klarmachen, daß das kindliche Blickfeld nicht mit dem des Erwachsenen zu vergleichen ist. Wenn Kinder sich zwischen parkenden Autos aufhalten, haben sie nur einen kleinen Fahrbahnausschnitt vor sich; sie können daher die Gefahren links und rechts nicht richtig einschätzen.

In der Dämmerung oder gar bei Dunkelheit müssen Autofahrer in bewohnten Gebieten noch sorgfältiger nach Kindern Ausschau halten. Wer kein Brett vor dem Kopf hat, bekommt eine Antenne für Kinder. "Oft gibt's ein Indiz – Hauptsache, man sieht's!" – weil Kinder keine Bremse haben.

Achtung, Kinderfahrzeuge!

Was Profis auf Rollerskates und Skateboards an Tricks und Kunststücken fertigbringen, verleitet Kinder und Jugendliche dazu, die verwegenen Figuren nachzuahmen. Übermütig bringen sie sich selbst und andere in große Gefahr. Auf der Straße dürfen sich Kinder deshalb weder auf Skateboards noch auf Rollschuhen oder anderen rollenden Untersätzen austoben: Es ist strikt verboten, auch wenn es noch so viel Spaß macht!

Das gilt nicht nur für Fahrbahnen, sondern ebenso für Gehwege. Wegen des hohen Tempos, das diese Spiel- und Sportgeräte erreichen, gehören Kinder und Jugendliche damit auf speziell angelegte Plätze.

Solche Flächen sind rar und liegen oft ziemlich weit entfernt. So kommt es immer wieder vor, daß Mädchen und Jungen ihre Fertigkeiten auf Straßen und Bürgersteigen ausprobieren. Eltern sollten unbedingt auf ihre Kinder achten und einwirken. Und vor dem Kauf eines Gerätes müssen sie überlegen, ob es sich wirklich für ihr Kind eignet und wo es damit ungefährdet spielen oder fahren kann.

Meistens sind das Höfe, Parkanlagen oder Spielstraßen. Sind bestimmte Bereiche mit dem entsprechenden amtlichen Kennzeichen ausgestattet, haben Kinder hier überall Spielrecht. Autofahrer müssen – im Schrittempo – ihr Augenmerk ganz besonders auf Kinder richten.

Erhöhte Aufmerksamkeit ist auch in Wohngegenden mit hohen Hecken angebracht. Hier verlegen Kinder ihre Spiele mit Vorliebe auf die Straße. Im Vorschulalter können viele nicht einmal ein fahrendes Auto von einem parkenden unterscheiden, weil die Fähigkeit, Entfernungen und Geschwindigkeiten einzuschätzen, noch nicht entwickelt ist. Die Orientierung nach Gehör klappt noch nicht richtig.

Tips vom 7. Sinn

Tip 1: Vor dem Kauf eines Kinderfahrzeugs prüfen, ob es sich für das Kind eignet. Wenn ja, nur ein Gerät mit Sicherheitsprüfzeichen wählen

Tip 2: Kinder nur auf Höfen, Plätzen oder in anderen geschützten Bereichen mit Spiel- und Sportgeräten fahren lassen – Straße und Gehweg sind dafür strikt verboten

Tip 3: Autofahrer: In Wohn- und Spielstraßen Rücksicht üben. Kinder auf Fahrzeugen sind oft blitzschnell

Verkehrsthemen

Kleinere Kinder unterscheiden auch noch nicht zwischen Sehen und Gesehenwerden, selbst wenn sie bereits auf einem Dreirad oder Fahrrädchen herumkurven.

Sogar wenn Kinder wissen, daß Straßenverkehr Gefahr bedeutet, vergessen sie beim Spielen vielfach alles Erlernte, auch auf dem Kettcar oder auf Rollschuhen. Plötzlich schießen sie aus einer Einfahrt heraus, ohne an Fußgänger auf dem Gehsteig oder vorbeifahrende Autos zu denken.

Gerade für solche Situationen ist es wichtig, daß Eltern beim Kauf von Kinderfahrzeugen auf sicherheitsgeprüfte Qualität achten. Breiter Radstand muß ein Go-Kart kippsicher machen; die abgedeckte Mechanik soll Verletzungen vermeiden. Auch Rollschuhe und Skateboards weisen sehr unterschiedliche Sicherheitsmerkmale auf.

Radhelme für Kinder

Radfahren – nicht ohne Helm! Der Kopfschutz kann schwere Unfallverletzungen verhindern oder sogar das Leben retten. Verantwortungsbewußte Eltern gewöhnen ihre Kinder von Anfang an ans Helmtragen. Denn die Zahl der Fahrradunfälle mit Kindern steigt. Schutzmaßnahmen sind unverzichtbar.

Das trifft vor allem auf größere Kinder zu, die weitere Wege zurücklegen und zu verkehrsreichen Zeiten – vor Schulbeginn – mit ihren Rädern unterwegs sind.

Der Kopf ist bei Stürzen und Unfällen der empfindlichste Körperteil und mit über 40 Prozent in der Verletzungsstatistik aufgeführt. Kein Wunder: Ein Aufprall aus etwa zwei Meter Höhe auf den Boden entspricht einem Sturz mit rund 20 km/h. Das hält der Kopf nicht ohne Verletzungen aus, an denen Unfallopfer manchmal ein Leben lang leiden. Oft sind Hirnleistung und Motorik geschädigt, psychische Veränderungen möglich.

Wird aber der Kopf in einen Fahrradhelm gepackt, ist er selbst bei Kollisionen geschützt. Natürlich eignet sich nicht irgendein Spielzeughelm, der unter Umständen selbst Verletzungen herbeiführt. Schutzhelme müssen Sicherheitsnormen erfüllen und entsprechende Prüfzeichen vorweisen.

Tips vom 7. Sinn

Tip 1: Kinder nur mit Helm radfahren lassen

Tip 2: Beim Kauf Helm an- und ausprobieren, evtl. Einlagepolster für passenden Sitz mitkaufen

Tip 3: Auf Belüftungsschlitze und gut funktionierenden Kinnriemenverschluß achten

Tip 4: Nur Helm mit Sicherheits-Prüfzeichen kaufen

Tip 5: Nach spätestens fünf Jahren oder schwerem Sturz Helm durch neuen ersetzen

Verkehrsthemen

Skateboards rollen schnell über die Bürgersteigkante hinweg. Darum sind sie auch auf Gehwegen verboten.

Was hier den Kindern Spaß macht, ist lebensgefährlich – auch für den Autofahrer. Solche Wettrennen dürfen nur auf gekennzeichneten Spielstraßen oder -plätzen ausgetragen werden.

Kettcars gehören ebenfalls nur in Schonräume, wo die Kleinen nicht mit dem öffentlichen Verkehr in Berührung kommen.

Ohne persönliche Anprobe kann ein Helm nicht richtig sitzen. Darauf kommt es vor allem an, wenn er seine Funktion erfüllen soll. Sobald er nicht stramm genug anliegt und im Ernstfall verrutscht, bleibt die Wirkung aus. Eine kleine Veränderung macht aus einem zu weiten Helm einen passenden Helm: Austauschbare Baumwollpölsterchen als Einlagen, die sogar gewaschen werden können, sorgen für straffen Sitz bei einem "auf Zuwachs" gekauften Helm.

Die Hartschale soll etwa zwei Zentimeter dick sein, damit sie einen Sturz ausreichend dämpfen kann. Der Kinnriemen, verstellbar und 15 bis 18 Millimeter breit, wird auch bei

Verkehrsthemen

der Anprobe im Geschäft strammgezogen und auf Leichtgängigkeit getestet.

Ebenfalls wichtig: die Belüftungsschlitze. Der Helm muß die Luft gut zirkulieren lassen, damit der Kopf unter der Kunststoffschale nicht unangenehm schwitzt.

Es gibt Modelle mit einer zusätzlichen Plastikschale, die bei einer Kollision die Aufschlagkraft verteilt.

Unbedingt sollen spezielle Wünsche des Kindes, wie die Farbe des Helms, berücksichtigt werden. Das erhöht die Motivation, wirklich nur mit Helm aufs Rad zu steigen, auch wenn es nur um kurze Strecken geht oder irgendwo im Schonraum um die Wette gefahren wird.

Kinderhelme werden schmuddelig oder schmutzig. Man darf sie mit einer milden,

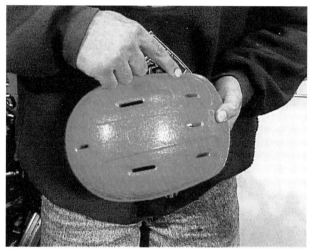

Um unangenehmes Schwitzen unter der Kunststoffschale zu vermeiden, muß der Helm genügend Belüftungsschlitze aufweisen.

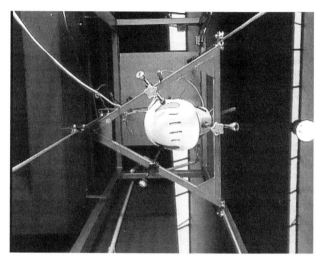

Das Material wird auf Widerstandsfähigkeit getestet.

Wer hat den schönsten? Farbe und Komfort tragen dazu bei, daß der Helm wirklich immer getragen wird.

handwarmen Lauge reinigen und etwa drei bis fünf Jahre tragen, ehe ein neuer her muß. Hat der Helm einen starken Schlag oder Sturz ausgehalten, ist er trotzdem nicht mehr als Kopfschutz zu gebrauchen.

Schule hat begonnen

Die Ferien sind zu Ende, die Ferienerlebnisse aber noch nicht vergessen, wenn Kinder sich wieder auf den Schulweg machen müssen. Was um sie herum passiert, ist dann oft Nebensache. Der Straßenverkehr wird nicht richtig wahrgenommen, während die Schüler ihre Urlaubsabenteuer austauschen oder erwartungsvoll das neue Schuljahr mit neuen Lehrern im Kopf haben.

Autoaufkleber und Transparente erinnern daran: Schule hat begonnen! Besondere Aufmerksamkeit muß von den Autofahrern verlangt werden. In Wohngebieten strömen plötzlich die Kinder wieder während der morgendlichen rush hour auf die Straße. In der Nähe von Schulen tauchen sie in Pulks auf.

Achtung, Autofahrer! Rund um Schulen gilt oft Tempo 30! Daran müssen sich auch Eltern halten, die ihre Kinder vom Auto aus vor der Schule absetzen. Oft mißachten sie das absolute Halteverbot, behindern den übrigen Verkehr, lassen die Kinder an der Fahrbahnseite aussteigen. Richtig wäre es, die Kinder auf die Risiken des Schulweges hinzuweisen und sie mit mehreren "Probeläufen" an die tägliche Strecke zu gewöhnen.

ABC-Schützen brauchen den sichersten, nicht den kürzesten Schulweg. Schulwegepläne werden für die Einzugsgebiete von Schulämtern und Verkehrswachten ausgegeben. Früh genug vor dem ersten Schultag soll die günstigste Route markiert und mit dem Kind eingeübt werden. Wenn Eltern nach einigen Tagen den Eindruck haben, daß der Sprößling allein zurechtkommt, genügen gelegentliche Kontrollen. Trainiert werden muß auch der Schulweg mit öffentlichen Verkehrsmitteln. Einmal ist nicht genug!

Tips vom 7. Sinn

Tip 1: Als Autofahrer nach Ferienende besonders aufmerksam auf Kinder achten

Tip 2: Im Schulbereich mit Tempo 30 fahren und vorbildlich verhalten. Das gilt auch für Eltern

Tip 3: ABC-Schützen mit Schulwegtraining an den sichersten Weg gewöhnen

Tip 4: Kinder und Schulweg gelegentlich kontrollieren – Baustellen oder geänderte Verkehrsführung können neue Gefahrenstellen schaffen

Tip 5: Auch Schulweg mit öffentlichen Verkehrsmitteln mit dem Kind gemeinsam trainieren

Verkehrsthemen

Schulbusse

Mit dem Schulbus werden täglich rund zwei Millionen Kinder zum Unterricht und wieder nach Hause befördert. Immer wieder kommt es zu Unfällen: durch zappelige, ungeduldige, Kinder, durch rücksichtslose Verkehrsteilnehmer auf der Straße und – ein häufiger Grund – mangelnde Fahrzeugsicherheit.

Das geht schon an den Haltestellen los. Die Schüler vertreiben sich die Zeit, necken sich ausgelassen und achten dabei nicht auf den Verkehr um sich herum. Viele Haltestellen sind nicht genügend gesichert, haben keine Drängelgitter oder befinden sich gar an einer verkehrsmäßig sehr ungünstigen Stelle.

Nähert sich der Schulbus, rennen ihm Jungen und Mädchen entgegen, um die besten Sitzplätze zu ergattern. Es wird gedrängelt und gestoßen. Da braucht es nicht zu verwundern, daß jeder zweite Schulbusunfall beim Ein-

Vorbilder für sichere Schulbusse liefern z.B. die USA. Das beleuchtete, ausklappbare Stoppschild hält andere Fahrzeuge auf Abstand.

An einem haltenden Schulbus darf man nicht einfach vorbeifahren, sondern muß warten.

Verkehrsthemen

Für ABC-Schützen ist unbedingt ein Schulwegeplan notwendig, an den die Kinder sich strikt halten sollen, nachdem sie ihn mit den Eltern trainiert haben.

Autofahrer merken schnell, daß die Ferien vorbei sind – in Schulnähe knubbelt es sich morgens und mittags. Oft gilt hier Tempo 30.

Wenn Kinder öffentliche Verkehrsmittel benutzen, muß auch das vorher mit Erwachsenen geprobt werden.

und Aussteigen oder auf dem Weg zur anderen Straßenseite passiert.

Vor allem nach dem Unterricht wird der Bus zum Kinderspielplatz, wenn keine Aufsicht mitfährt. Die Schüler sind müde, wollen sich abreagieren und sind manchmal auch aggressiv. Sie bleiben nicht auf den Plätzen und verlieren bei plötzlichem Bremsen den Halt. Mit ihrem Verhalten können sie auch den Fahrer irritieren.

Am Ziel wollen am liebsten alle gleichzeitig aussteigen und rennen dann unkontrolliert los. Unfälle sind dabei programmiert. Deshalb ist es Autofahrern nicht mehr erlaubt,

Verkehrsthemen

An Schulbushaltestellen ist die Unfallgefahr groß, ganz besonders an verkehrsreichen Straßen ohne Drängelgitter.

an haltenden Schulbussen vorbeizufahren. Leider sparen Kommunen oft am falschen Ende bei der Auftragsvergabe, so daß bei Kontrollen jeder 10. Schulbus Mängel aufweist: TÜV-Termine werden nicht eingehalten, Reifen sind zu stark abgefahren, Bremsen nicht funktionstüchtig.

Vorbilder für sicheren Schulbusverkehr finden sich in anderen europäischen Ländern oder, nachahmenswert, in den USA. Obwohl (oder weil?) dort anderthalb mal mehr Kinder täglich transportiert werden, ist deren Unfallrisiko

Tips vom 7. Sinn

Tip 1: Schulbus-Haltestellen nur an ungefährlichen Stellen einrichten und mit Drängelgittern ausstatten

Tip 2: Schulbusse besser kenntlich machen, außen und innen mit mehr Sicherheitszubehör ausrüsten

Tip 3: Sicherheitsgurte für jedes Kind

Tip 4: Ständige Busbegleitung durch Lotsen/Schulweghelfer

Tip 5: Schulbusfahrer speziell ausbilden

Auch im Schulbus brauchen Kinder einen sicheren Sitzplatz. Gurte sollten obligatorisch sein.

14mal geringer als in Deutschland! Das geht auf strenge Sicherheitsmaßnahmen zurück.

Die Busse sind in Kontrastfarben lackiert. Hochgesetzte zusätzliche Blinkleuchten warnen den übrigen Verkehr. Kindersymbol und Schulbusschild sind hinten und vorn am Bus angebracht. Wirksame spezielle Außenspiegel und ein Panorama-Innenspiegel geben dem Fahrer die Sicht auch in Ecken frei.

Ausklappbare, beleuchtete Stoppschilder am Bus halten andere Fahrzeuge auf Abstand.

Sicherheitsschranken vorn am Bus verhindern, daß Kinder nach dem Aussteigen in wildem Spurt auf die andere Straßenseite rennen und dabei von einem Auto erfaßt werden.

Nach diesem Muster könnten hierzulande ebenfalls die Unfallzahlen bei der Schulbusbeförderung niedrig gehalten werden.

Dazu müßten auch alle Sitzplätze im Bus mit Sicherheitsgurten ausgerüstet sein, und Lotsen oder Schulbusbegleiter müßten grundsätzlich die Schüler an den Haltestellen und während der Fahrt beaufsichtigen.

Kinder-Rückhalte-Systeme

Jedes dritte Kind, das im Straßenverkehr verunglückt, wird in einem Personenwagen verletzt oder gar getötet: Gleichgültigkeit, Bequemlichkeit, falsch verstandene Sparsamkeit oder Leichtsinn der Erwachsenen, zumeist der Eltern?

Kinder-Rückhalte-Systeme bieten Kindern im Auto optimalen Schutz. Seit dem 1. April 1993 gilt eine generelle Sicherungspflicht für Kinder im Pkw auf allen Plätzen. Der Wortlaut: „Kinder bis zum vollendeten 12. Lebensjahr, die kleiner als 150 cm sind, dürfen in Kraftfahrzeugen auf Sitzen, für die Sicherheitsgurte vorgeschrieben sind, nur mitgenommen werden, wenn Rückhalteeinrichtungen für Kinder benutzt werden, die amtlich genehmigt und für das Kind geeignet sind" (§ 21 Abs. 1a der Straßenverkehrsordnung). Rückhalteeinrichtungen für Kinder sind: Babyschalen, Kindersitze und Sitzkissen.

Auf allen Kindersicherungs-Systemen muß sichtbar das ECE-Zeichen angebracht sein. Nur dieses aufgenähte, geprägte oder aufgeklebte Etikett besagt, daß der Kindersitz getestet und für den Verkauf zugelassen worden ist. Die ECE-Regelung R 44 ist eine für Europa einheitliche Vorschrift. Natürlich können auch nationale Testinstitute, wie z. B. der TÜV in Deutschland, dem Kinder-Rückhalte-System nach bestandener Überprüfung ein zusätzliches Sicherheitsetikett verleihen.

Verkehrsthemen

Erste Hilfe Tips

Wenn das Auto brennt

Von 100 Personenkraftwagen haben gerade 15 einen Feuerlöscher. Dabei brennen pro Jahr in Deutschland rund 38000 Autos! Nur jeder zehnte Brand ist Folge eines Unfalls. In 90 Prozent der Fälle lösen technische Mängel wie lecke Benzinleitungen oder durchgescheuerte Kabel das Feuer aus.

Es entwickelt sich meistens recht gemächlich, so daß Zeit genug bleibt, um auszusteigen und zu löschen. Aber es ist wichtig, so früh wie möglich zu handeln. Dafür muß ein funktionstüchtiger Feuerlöscher griffbereit an einer schnell zugänglichen Stelle montiert sein, z. B. im Fußraum oder – bei größeren Fahrzeugen – in Türnähe. Der beste Löscher nützt nicht, wenn man ihn erst irgendwo zwischen Gepäck im Kofferraum suchen muß!

Welcher Feuerlöscher geeignet ist und an welchem Platz er sinnvollerweise montiert wird, weiß der Zubehörhändler. Löschmittel ist nicht gleich Löschmittel! Vom umweltgefährdenden Halon läßt man besser die Hände weg – verkauft werden dürfen solche Löscher nicht mehr. Nicht funktionstüchtige Geräte gehören zum Sondermüll.

Bevor der neue Feuerlöscher eingebaut wird, studiert man die Bedienungsanleitung genau. Trotz unterschiedlicher Systeme haben alle eine Entriegelung und eine Betätigungstaste. Wenn das Auto brennt, öffnet man mit behandschuhten Händen oder einem Lappen die entriegelte Haube spaltweit und führt den Löscher so nah wie möglich an den Brand-

Notrufsäulen stehen inzwischen auch an vielen Bundesstraßen. Jeder Autofahrer muß wissen, wie man sie richtig bedient und eine präzise Meldung durchgibt.

Zunächst jedoch wird die Unfallstelle gesichert.

Verkehrsthemen

Die Pfeilspitze weist den Weg zum nächsten Notruftelefon.

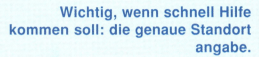

Wichtig, wenn schnell Hilfe kommen soll: die genaue Standortangabe.

Normale Feuerlöscher sind schnell leer. Also: gezielt löschen!

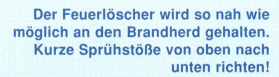

Der Feuerlöscher wird so nah wie möglich an den Brandherd gehalten. Kurze Sprühstöße von oben nach unten richten!

herd. Erst dann die Starttaste betätigen und das Feuer von unten nach oben mit kurzen Sprühstößen bekämpfen. Kleine Löscher reichen nur etwa 20 Sekunden lang, deshalb muß effektiv gearbeitet werden.

Möglicherweise treten erneut Schwelbrände auf, darum den Brandherd gut kontrollieren!

Falls die Kleider eines Beteiligten Feuer fan-

Beim Hantieren mit dem Feuerlöscher am besten Handschuhe tragen. Die Starttaste nicht zu früh betätigen!

gen, darf man nur im Notfall zum Löscher greifen. Stattdessen hüllt man die brennende Person in Decken oder Kleidungsstücke fest ein und erstickt das Feuer vom Kopf aus abwärts.

Brennt ein Auto schon länger, hilft ein kleiner Löscher nicht mehr. Wenn mehrere gleichzeitig oder ein großer Sechs-Kilogramm-Löscher eingesetzt werden können, stehen die Chancen besser. Wenn nicht, kann nur noch die Feuerwehr helfen.

Tips vom 7. Sinn

Tip 1: Feuerlöscher griffbereit montieren

Tip 2: Bedienungsanleitung lesen

Tip 3: Beim Brandlöschen Handschuhe tragen

Tip 4: Mit kurzen Stößen Feuer von unten bekämpfen

Tip 5: Bei Personen, deren Kleidung brennt, nicht den Löscher benutzen, sondern die Flammen vom Kopf abwärts mit Decken ersticken

Tip 6: Nicht funktionstüchtige Feuerlöscher als Sondermüll entsorgen

Unfall – Notfall

Unfall – was ist zu tun? Zuallererst: Ruhe bewahren! Dann die Warnblinkanlage einschalten und hinter dem Ort so stehenbleiben, daß Rettungsfahrzeuge genügend Platz finden. Die Situation kurz überblicken, nachfolgende Fahrer warnen und den Unfallort nach hinten absichern.

Bei Unfällen mit Verletzten geht es oft um Sekunden. Wer ohne nachzudenken losrennt, weil er Hilfe holen will, tut leicht das Falsche.

Verkehrsthemen

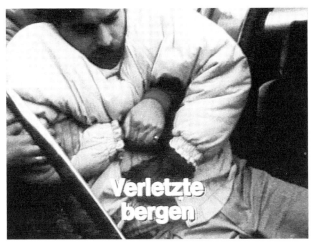

Bis der Rettungswagen eintrifft, muß man selbst Hilfe leisten.

Einen Verletzten legt man auf die Seite ...

... Kopf in den Nacken, wenn er bewußtlos ist ...

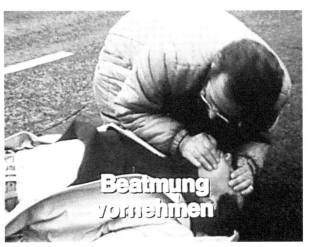

... und sorgt mit der Mund-zu-Mund-Beatmung für Sauerstoffzufuhr.

Es vergeht wertvolle Zeit, die möglicherweise einen Menschen das Leben kostet. Denn Retter brauchen präzise Angaben, um so schnell wie möglich am Unfallort zu sein.

Also: Zunächst die Unfallstelle lokalisieren! Möglichst selbst die Unfallmeldung durchgeben, damit sich keine Übermittlungsfehler einschleichen. Sich mit Namen melden. Unfallort nennen, Unfall kurz beschreiben. Zahl der Verletzten und Art der Verletzungen angeben.

Den Hörer nicht sofort auflegen, sondern Rückfragen abwarten.

Helfer an der Unfallstelle beginnen unverzüglich mit Sofortmaßnahmen: Die Zündung am Auto muß ausgeschaltet werden. Ein Verletzter wird von hinten unter den Achseln umfaßt, ein Arm vor seine Brust gelegt; man hält ihn mit beiden Händen fest und bringt ihn aus der Gefahrenzone, spricht ihn an und überprüft, wenn nötig, seine Atmung am Bauch. Falls das Unfallopfer bewußtlos ist, braucht es eine

Verkehrsthemen

Der Hubschrauber als Rettungsfahrzeug hilft schnell, wenn Schwerverletzte in Kliniken transportiert werden müssen.

stabile Seitenlage: einen Arm unter den Körper gelegt, das auf derselben Körperseite befindliche Bein angewinkelt; dann zieht man den Verletzten zu sich herüber und winkelt dessen unteren Arm zur besseren Unterstützung des Körpers nach hinten. Der Kopf wird in den Nacken gelegt und die freie Hand des Verunglückten unter sein Kinn geschoben.

Bei Atemstillstand soll mit Mund-zu-Mund-Beatmung bis zum Eintreffen des Rettungswagens für Sauerstoffzufuhr gesorgt werden. Verletzte können beim Unfall einen Schock erleiden. Sie müssen mit Decken und Folien zugedeckt werden, damit sie nicht zuviel Wärme verlieren. Auf keinen Fall darf man eine verletzte Person sich selbst überlassen!

Diese einfachen Hilfen und Handgriffe sollen und können die Arbeit des Rettungsdienstes nicht ersetzen, aber vor dem Eintreffen des Notarztes dem Unfallopfer manchmal sogar das Leben retten.

Viele Autofahrer haben Hemmungen, bei Unfallverletzten selbst Hand anzulegen – aus Furcht, etwas Falsches zu tun. Vor allem dann, wenn die Erste-Hilfe-Ausbildung schon lange zurückliegt. Weil jeder auf die schnelle Hilfe eines anderen angewiesen sein kann, empfiehlt sich ein Auffrischungskurs. Aber auch ohne diesen kann man das Wichtigste tun.

Tips vom 7. Sinn

Tip 1: Warnblinkanlage einschalten, Unfallstelle absichern, Notmeldung durchgeben, dabei „5 W" beantworten

▲ Wo geschah es?

▲ Was geschah?

▲ Wieviele Verletzte?

▲ Welche Verletzungen?

▲ Wer meldet den Unfall?

Tip 2: Ohne Scheu Verletzte bergen, Seitenlage herstellen, evtl. in Schocklage bringen

Tip 3: Bei Sauerstoffmangel beatmen

Verkehrsthemen

Wetterbedingtes Verkehrsverhalten

Laub auf der Straße

Wenn der Herbst sich in der vollen Pracht bunter Blätter an den Bäumen zeigt, gerät der Autofahrer leicht ins Schwärmen. Aber Vorsicht – Laub wird gefährlich, wenn es auf der Fahrbahn liegt! Schon auf trockenen Blättern droht in Kurven oder beim Bremsen eine Rutschpartie. Noch mehr Aufmerksamkeit erfordert das Fahren, wenn es neblig und feucht ist oder Regen das Laubbett auf der Straße durchnäßt hat.

Herbstbestimmung – Achtung! Rutschpartie droht auf nassem und auf trockenem Laub!

Auch bei schönem und sonnigem Wetter muß man auf diese besondere Gefahr vorbereitet sein. Einmal gebremst: schon haben sich die Blätter übereinander geschoben und unter dem Reifen ein Laubpolster gebildet. Der Kontakt zur Fahrbahn ist unterbrochen. Das Fahrzeug läßt sich nicht mehr steuern und rutscht geradeaus weiter, auch mit eingeschlagenen Rädern – wie beim Aquaplaning. Die Rutschbahn endet dann leicht an einem Straßenbaum.

Einmal gebremst: schon schieben sich die Blätter übereinander.

Fahrer auf motorisierten Zweirädern müssen höllisch aufpassen, um trotz tückischer Straßenverhältnisse heil ans Ziel zu gelangen. Führt die Straße durch ein Waldgebiet, lauert an den Rändern und hinter jeder Kurve das Unfallrisiko!

Auf dem Laubpolster kann ein Auto leicht am Baumstamm landen.

Fahren bei Nässe

Regen, nasse Straßen, schlechte Sicht – bei diesem Sauwetter ist das Autofahren stressig

Verkehrsthemen

Wenn das Regenwasser auf der Fahrbahn steht, heißt es vor allem: Abstand halten, Tempo verringern!

Tips vom 7. Sinn

Tip 1: Straßenbeschaffenheit vor allem im Herbst und Winter beobachten, auf Laub achten

Tip 2: Besonders vorsichtig in Kurven hineinfahren, wenn Blätter auf der Fahrbahn liegen

Tip 3: Bremsen möglichst vermeiden. Auf keinen Fall scharf bremsen

und das Unfallrisiko weitaus größer. Trotzdem stellen die meisten Autofahrer sich nicht darauf ein. Sie vermindern weder die normale Geschwindigkeit noch halten sie ausreichenden Sicherheitsabstand zum Vordermann.

Dabei hat jeder Fahrschüler gelernt, daß die Reifen auf nasser Fahrbahn schlecht greifen, wenn sie Wasser verdrängen müssen.
Bei gutem Profil wird die Wasserschicht zerteilt, die Rillen führen das Wasser nach außen ab. Auf einer Straße mit einem zwei Millimeter hohen Wasserfilm muß ein Reifen bei Tempo 80 drei Liter Wasser pro Sekunde verdrängen! Dazu sollte die Profiltiefe wenigstens drei Millimeter betragen.

Aber auch mit den besten Reifen darf man nicht unbegrenzt schnell fahren, wenn die Straßen so naß sind. Beim nächsten Bremsvorgang könnte das dicke Ende kommen. Wenn die nasse Straße wie ein Spiegel wirkt, sollten 80 km/h die oberste Tempogrenze sein.
Es ist falsch, in Spurrillen zu fahren. Hier sammelt sich besonders viel Wasser. Wenn die Reifen überfordert sind und die Wassermenge

Nicht nur die Scheinwerfer, auch die Scheibenwischer einschalten, wenn man überholen will! Zusätzliche Spritznässe auf der Windschutzscheibe verhindert sonst die Sicht nach vorn.

nicht mehr verdrängen können, schwimmt der Wagen auf einem Wasserkeil auf, wird unbeherrschbar und gerät ins Schlingern oder Schleudern.

Darum ist die verringerte Geschwindigkeit so wichtig wie der ausreichende Abstand zu anderen Fahrzeugen.

Bei trübem Wetter schaltet man frühzeitig die Scheinwerfer ein, um besser gesehen zu werden, und die Scheibenwischer vor einem Überholvorgang hoch, um die zusätzliche Spritznässe zu bewältigen. Daß die Wischblätter erneuert werden müssen, sollte einem Autofahrer nicht erst bei Regenwetter einfallen.

Tips vom 7. Sinn

Tip 1: Gerade bei Regen nur mit guten Reifen fahren. Profiltiefe regelmäßig kontrollieren

Tip 2: Auf nasser Straße höchstens mit Tempo 80 fahren

Tip 3: Reichlichen Sicherheitsabstand zu anderen Fahrzeugen halten

Tip 4: Scheibenwischblätter oft genug auswechseln

Auch wenn Regengüsse aufgehört haben, können sich Wasserlachen noch lange auf der Fahrbahn halten. Also angepaßt fahren! Denn bei Nässe gerät man schneller als gedacht aus der Spur! Und im Herbst und Winter könnte sich auf bestimmten nassen Stellen sogar eine Eisschicht gebildet haben.

Nebel

Nebel kann während des ganzen Jahres auftauchen. Vor allem in der kalten und nassen Jahreszeit muß der Autofahrer darauf gefaßt sein – in einigen Gegenden Deutschlands mehr als anderswo. Wenn Alpentäler wie in Watte gepackt erscheinen, genießt der Bergwanderer eine Traumkulisse. Hüllt aber diese Watte die Verkehrswege in ein undurchsichtiges Weißgrau, droht dem Autofahrer tödliche Gefahr. Der Nebel erscheint ihm wie ein heimtückischer Feind; er betrügt das menschliche Auge. Scheinbar vergrößert er die Distanzen. Jeder weiß, daß z. B. Berge bei klarer Sicht näher scheinen als im Dunst.

Viele Autofahrer bedenken das nicht und halten es im Nebel für sicherer, sich an das Rücklicht des Vordermannes zu hängen. Falsch und gefährlich! Das vorausfahrende Fahrzeug ist viel näher als man meint, und sein Fahrer sieht im Nebel auch nicht besser; zudem kann er sich irren: Unfallgefahr in Reichweite!

Massenkarambolagen im Nebel sind fast immer die Folge zu hoher Geschwindigkeit aller Beteiligten. Appelle an die Vernunft der Autofahrer fruchten wenig. Viele fahren, als hätten sie Radaraugen, unbekümmert mit normalem Tempo drauflos, mitten in die Waschküchenschwaden. Dabei heißt das erste und letzte Gebot fürs Fahren bei Nebel: Runter vom Gas!

Verkehrsthemen

So langsam fahren, daß auch bei geringer Sichtweite rechtzeitiges Bremsen möglich ist! Einfache Faustregel: Sicht 50 Meter, Tempo 50 km/h – höchstens! Wer schneller fährt, riskiert nicht nur Bußgeld, sondern bei Gefährdung anderer Verkehrsteilnehmer Fahrverbot, bis zu sechs Flensburg-Punkte und möglicherweise den Kasko-Versicherungsschutz.

Eine Orientierung bieten an der Autobahn die Leitpfosten. Sie stehen meistens im 50-Meter-Abstand (Ausnahme: östliche Bundesländer). Auf Landstraßen benutzt man die Mittellinie besser nicht als Leitweg! Der Gegenverkehr könnte das gleiche tun.

Und: Überholen bei dichtem Nebel ist lebensgefährlich!

Beträgt die Sichtweite nur noch 50 Meter, darf die Nebelschlußleuchte eingeschaltet werden. Sie bleibt mit Nebelscheinwerfern und Warnblinkanlage auch eingeschaltet, wenn die "Suppe" so dick wird, daß man lieber ganz dicht rechts heranfährt, um eine Besserung abzuwarten.

Beim Fahren soll man die Scheibe herunterdrehen, um Geräusche von außen hören zu können, das Rauchen einstellen (Scheibenverschmutzung), das Gebläse auf die Windschutzscheibe leiten und die Radiomusik ausschalten, aber den Verkehrsfunk abhören. Automatische Nebelwarnanlagen, Blinklichter oder Hinweisschilder der Polizei erinnern daran, die Fahrweise dem Nebelwetter anzupassen und gehörigen Abstand zum Vordermann zu halten.

Wenn es bei den Vorderleuten schon gekracht hat: sofort weg von der Fahrbahn! Das gilt auch bei stehendem Verkehr: Fahrzeug verlassen und sich lieber in Sicherheit bringen!

Fahrpraxis im Winter

Weich und zügig fahren, plötzliches Kuppeln und Gasgeben vermeiden, auf keinen Fall

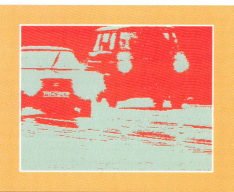

Tips vom 7. Sinn

Tip 1: Sicht weg – Gas weg!

Tip 2: Verkehrsfunk ein-, aber Radiomusik ausschalten

Tip 3: Scheibe herunterdrehen, um Warnsignale hören zu können

Tip 4: Gebläse auf Windschutzscheibe stellen

Tip 5: Nicht rauchen

Tip 6: Bei längeren Nebelfahrten oft Pause machen; Scheinwerfer und Rücklichter säubern

Tip 7: Bei Sicht unter 50 Metern Nebelschlußleuchte einschalten – nicht eher

Verkehrsthemen

scharf bremsen: Diese Grundregeln sind das A und O des sicheren Fahrens auf winterlichen Straßen. Wer versucht, auf verschneiter oder vereister Fahrbahn mit dem heftigen Tritt auf die Bremse ein rutschendes Fahrzeug zum Stehen zu bringen, riskiert einen Crash – mit blockierenden Bremsen fährt das Auto Schlitten!

Die Gefahr ist besonders groß, wenn die Räder noch mit Sommerreifen bestückt sind. Bei Schnee drehen sie schon an einer leichten Steigung durch, auch mit sogenannten Ganzjahresreifen. Dagegen zieht ein Wagen mit Winterhaftreifen fast mühelos davon.

Muß auf Schnee oder Eis gebremst werden, gilt jedoch immer dieselbe Regel: Stotterbremsen! Der Bremsweg wird länger, wenn der Fahrer das Blockieren der Räder möglichst oft unterbricht.

Trotzdem kann es ihm passieren, daß das Auto plötzlich im tiefen weichen Schnee steckt. Dann hilft das Schaukeln! Wenig Gas, das Fahrzeug abwechselnd vorwärts und rückwärts bewegen; mehrmaliges schnelles Umschalten verstärkt den Schwung nach vorn und hinten und vergrößert die Fahrgasse. Mit neuem Anlaufschwung – Vorsicht, wenig Gas! – versucht man, aus der Gasse im Vorwärts- oder Rückwärtsgang herauszufahren, ohne erneut im Schnee steckenzubleiben.

In den Bergen gehören passende Schneeketten unbedingt zur Fahrausrüstung. Oft dürfen Straßen nur mit Ketten befahren werden. Moderne Bügelketten lassen sich ohne Schwierigkeiten aufziehen: Man schiebt von der Seite aus den Bügel über das Rad, fährt eine Vierteldrehung vor oder zurück und muß nur noch die Spannkette straffziehen und verspannen. Fahrer mit Köpfchen üben ein paarmal zuhause und beherrschen dann die Handgriffe aus dem Effeff.

Ob mit oder ohne Ketten: Gefühlvoll fahren bewahrt vor Winter-Mißgeschick!

Autobatterie im Winter

Vergebliche Liebesmüh': Nach einer kalten Winternacht springt der Motor des Autos nicht an! Oft verträgt eine alte, schwache Batterie die eisigen Temperaturen nicht mehr. Während eine voll geladene erst bei minus

Tips vom 7. Sinn

Tip 1: Sanft kuppeln und Gas geben

Tip 2: Auf Schnee und Eis nur in Intervallen bremsen

Tip 3: Aus weichem Schnee herausschaukeln

Tip 4: Winterreifen und Schneeketten benutzen

Tip 5: Für Winterreisen Leih-Schneeketten in Bergregionen schon vor der Abfahrt bestellen

Verkehrsthemen

35 Grad Celsius einfriert, erstarrt eine halb geladene Batterie schon bei minus 20 Grad Celsius.

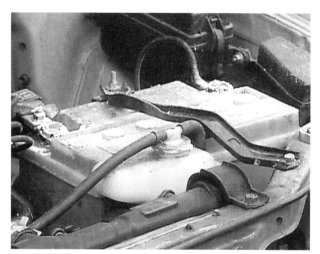

Halb verrottete Batterien können nicht funktionieren.

Gerade beim Anlassen muß eine Batterie besonders viel leisten. Die Beleuchtung schluckt 120 Watt, der Scheibenwischer 30, das Radio 10 und die Heckscheibenheizung 80 Watt – Durchschnittswerte. Damit eine Batterie auch im Winter zuverlässig arbeitet, ist es gerade bei älteren Exemplaren wichtig, rechtzeitig die Säuredichte prüfen zu lassen.

"Anschieben!" heißt es meistens, wenn die Batterie streikt. Autos mit Katalysator dürfen jedoch nie angeschoben werden! Nicht vergessen: Gelangt Benzin in den Katalysator, ist er hin! Mit einem Starthilfekabel bringt man jeden Wagen mit schwacher Batterie wieder in Fahrt.

Beide Batterien müssen die gleiche Spannung haben. Aber Autos mit Zündelektronik, Kat, ABS oder Bordcomputer brauchen ein

Bei Wintertemperaturen machen alte, schlecht gepflegte Batterien nicht mit.

Tips vom 7. Sinn

Tip 1: Batterien regelmäßig überprüfen lassen, vor allem im Winter

Tip 2: Bei leerer Batterie Autos mit Kat auf keinen Fall anschieben

Tip 3: Starthilfekabel zuerst mit roten Zangen an die Pluspole klemmen; schwarze Zange zunächst an den Minuspol der vollen, dann erst an den Minuspol der leeren Batterie anschließen. Nur kurz starten – sofort entfernen. Mindestens zehn Kilometer fahren, um die Batterie wieder aufzuladen

Tip 4: In sehr kalten Nächten ältere Batterien vorsichtshalber ausbauen und in die Wohnung mitnehmen

Springt der Motor an kalten Wintertagen nicht an, kann ein Überleitungskabel helfen.

Bei vertauschten Kabeln stieben die Funken – die Batterie ist hinüber, wenn das mehrmals passiert.

Startkabel mit einem Kästchen, das mögliche Spannungsspitzen automatisch auf 35 Volt begrenzt.
Wenn der Motor des Spenderfahrzeugs läuft, klemmt man die beiden roten Zangen jeweils an die Pluspole der Batterien, anschließend die schwarzen Zangen an die Minuspole, zuerst der vollen, dann der leeren Batterie. Wenn der Motor läuft, sofort die schwarzen, dann die roten Zangen abnehmen! Bei stiebenden Funken sind die Kabel vertauscht. Passiert das mehrmals, schmelzen die Bleipole, die Batterie ist unbrauchbar. Was nach der Starthilfe kommt, unterscheidet sich nicht von der Anschiebemethode: Mindestens zehn Kilometer fahren, damit die Batterie wieder fit wird!

Plötzlicher Wintereinbruch

Der Winter meldet sich oft ganz überraschend. Über Nacht sinken die Temperaturen, Straßen werden glatt, die ersten Schneeflocken tanzen – und manchmal auch die Fahrzeuge. Selbst wenn viele Straßen und Wege noch schneefrei sind, darf man sich nicht täuschen: An Gewässern und Brücken kann es stellenweise bereits frieren: Gelegenheit zu ersten Rutschpartien.

Die Bedienungsvorschriften müssen beachtet werden, um unangenehme Überraschungen zu verhindern.

Auf dem abendlichen Heimweg verwandelt sich der Regen in Schnee. Die Fahrbahn wird matschig und schlüpfrig. Vor allem in Flußniederungen bildet sich Nebel, das Unfallrisiko steigt. Am nächsten Morgen landen Autos, denen die erste Schneedecke zum Verhängnis geworden ist, im Graben. Warum?

Verkehrsthemen

Viele Fahrer stellen sich nicht rechtzeitig auf einen plötzlichen Wintereinbruch ein. Fällt der erste Schnee, laufen ihre Wagen noch mit Sommerreifen. Erst wenn Schneefall einsetzt, stürmen sie die Werkstätten, die den geballten Andrang kaum bewältigen können und oft die passenden Reifen nicht mehr auf Lager haben. So entstehen nicht einkalkulierte Wartezeiten gerade dann, wenn es darauf ankommt. Zu langes Zögern mit dem Reifenwechsel oder Räderaustausch hat schon viele, eigentlich überflüssige, Unfälle verursacht.

Dabei gibt es Reifenfirmen, die es ihren Kunden besonders leicht machen: Wer bereits gegen Ende des Sommers Winterreifen auf Felgen montieren läßt, kauft Reifen zu Sommerpreisen und darf sie kostenlos bis zum ersten Wintereinbruch lagern. Das Montieren geht dann schnell.

Wer jedoch nicht bis zur winterlichen Jahreszeit vorausdenkt und sich lieber überraschen läßt, kann leicht aus der Spur geraten. Der nächste Winter kommt bestimmt – und damit oft auch das dicke Ende der Sorglosigkeit.

Schneeketten

Auch wenn der Winter sich von seiner schönsten Seite zeigt – auf glatten Straßen bekommen Autofahrer Probleme. Manch einer gerät ganz schön ins Rutschen, wenn er ohne Schneeketten unterwegs ist.
Neuartige Schneeketten sind leicht aufzuziehen und werden immer öfter mit Hartmetallspikes ausgerüstet. Ein Fabrikat z. B. hat 96 Spikes pro Reifen, die zwischen den Kettengliedern auf Kunststoffplatten montiert sind. Sie sorgen für Spurtreue auch bei Kurvenfahrten. Die Bügelkette läßt sich in Sekundenschnelle festzurren und, falls nötig, mit einem Geldstück strammziehen. Durch Verlängern kann sie auch auf Breitreifen verwendet werden.

Bei einem anderen System werden zunächst die Räder vorbereitet, das heißt: zuerst die normalen Radschrauben gegen Spezialschrauben mit Innengewinde austauschen. Dann die Tiefe der Felge vermessen und mit entsprechenden Distanzscheiben versehen. Den kompletten Deckel als Nabe festmontieren und den ganzen Winter über am Rad lassen. Festgefahren? In Sekundenschnelle sind die Kunststoffelemente auch im Stand und im Tiefschnee mit einem Ruck montiert,

Tips vom 7. Sinn

Tip 1: Nicht bis zum ersten Schnee mit dem Kauf von Winterreifen warten

Tip 2: Sich im Herbst besonders aufmerksam über Witterungs- und Straßenverhältnisse informieren

Tip 3: In Waldgebieten und auf Brücken grundsätzlich besonders vorsichtig fahren. Plötzliches Bremsen vermeiden

Verkehrsthemen

Im Nu lassen sich Ketten montieren, wenn Befestigungsvorrichtungen an den Rädern vor Beginn der Wintersaison angebracht worden sind.

Spikesketten halten das Auto bei Kurvenfahrten in der Spur.

weil die Befestigungsvorrichtungen ja schon angebracht wurden. Auch hier ist Rangieren nicht nötig. Die ebenfalls mit Spikes ausgerüsteten Kunststoffelemente greifen auf glatter wie auf verschneiter Fahrbahn und ziehen das Fahrzeug mühelos bergauf und spurtreu durch Kurven.

Auch auf trockener Fahrbahn darf man mit diesen beiden Systemen fahren – allerdings nicht schneller als mit 50 km/h.

Die Kombination aus der montageleichten Anfahr-, Schnee- und Eiskette bewahrt Autos vor dem Festfahren auch dort, wo andere Ketten nichts mehr ausrichten.

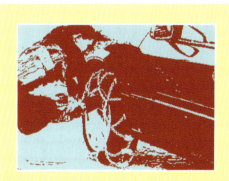

Tip vom 7. Sinn:

Montageleichte Ketten wählen. Benutzerfreundlichkeit erleichtert die Entscheidung, bei winterlichen Straßenverhältnissen mit Ketten zu fahren

Gegenseitige Rücksichtnahme

Aggression und Drängelei

Das muß wirklich nicht sein: Kurz vor der Autobahnausfahrt schneidig überholen und dabei den Fahrer des anderen Autos in Angst und Schrecken versetzen! Aggression darf sich

Mancher Fahrer heizt sich geradezu auf, wenn es nicht schnell genug geht.

gerade im Straßenverkehr nicht ausleben. Leider glauben viele Autofahrer, sie brauchten sich nicht zu disziplinieren. Mit riskanten

Tips vom 7. Sinn

Tip 1: Zeit richtig einteilen, damit Termindruck nicht als Rechtfertigung für Aggression herhalten muß

Tip 2: Mit Rücksicht und Gelassenheit unfallträchtige Situationen verhindern

Tip 3: Lichthupe und Hupe "vergessen", das Auto ist keine Waffe

Tip 4: Nicht vergessen: Auch andere haben es eilig, und ein Unfall würde eine Menge kostbarer Zeit in Anspruch nehmen

Rücksichtsloses Wegdrängeln kann beiden zum Verhängnis werden.

Verkehrsthemen

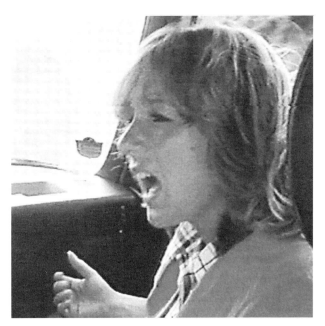
Die Nerven der Beifahrerin liegen bei solch aggressiver Fahrweise bloß.

Straße frei – ich komme! Besonders beliebt ist das Aufrücken bis an die Stoßstange des Vordermanns.

Überholmanövern reagieren sie sich ab oder drängeln bis zum "Gehtnichtmehr". Dabei wird das Auto rücksichtslos zur Waffe gemacht.

Die Lichthupe ist ein wichtiges Utensil für den Selbstdarsteller. Begreift der Vordermann nicht schnell genug, daß ein Superfahrer auf der Überholspur vorbeirauschen will, wird auch die Hupe zu Hilfe genommen. Oft kann der Kontrahent gar nicht ausweichen. Aber manchmal fühlt sich ein bedrängter Fahrer so in die Enge getrieben, daß er sich seinerseits falsch verhält: das Unfallrisiko vergrößert sich.

Auch morgens im Berufsverkehr: Einer hupt, andere machen mit. Keinen bringt das nur einen Moment schneller voran. Jeder denkt allein ans eigene Vorwärtskommen. Selbst Frauen lassen sich davon anstecken. Niemand sieht eigene Fehler ein.

Radfahrer sind keine Ausnahme, machen vielmehr munter mit. Freie Fahrt ist eine Selbstverständlichkeit – immer und egal wo. Und wer meint, da blieben noch die friedlichen, freundlichen Benutzer öffentlicher Verkehrsmittel, irrt gewaltig. Auch hier Drängen, Stoßen, Beiseiteschieben: Das Recht des Stärkeren.

Eigentlich bestrafen Aggressive sich selbst, weil sie ein moderates Klima verhindern, das jedem zugute kommen würde.

Aggressiv sind nicht nur motorisierte Fahrer; auch Drahtesel kommen manchmal viel zu forsch daher.

Verkehrsthemen

Rücksicht auf Fußgänger

Mit den übrigen Verkehrsteilnehmern können Fußgänger nicht mithalten. Als schwächste Gruppe sind sie auf das Wohlwollen der anderen – schnelleren, stärkeren – angewiesen. Und oft geht es ganz schön zur Sache im Wettlauf ums Vorankommen auf der Straße!

Für manche Radfahrer zum Beispiel scheint Rücksicht ein Fremdwort zu sein. Wehe, wenn ihnen ein Fußgänger in die Quere kommt! Aber was eben noch gutging, kann beim nächstenmal für beide Kontrahenten böse enden: ein Radfahrersturz aus vollem Tempo hat meistens üble Folgen

Andererseits haben Fußgänger nicht automatisch recht. Auch sie sind schon mal reichlich aggressiv und haben sich nicht immer unter Kontrolle, wenn sie "ihren" Gehsteig mit einem Fahradweg teilen müssen oder unvorsichtig einen Radweg überqueren.

An Zebrastreifen genießen allerdings die Fußgänger ein Vorrecht. Deshalb ist hier das Überholen strikt verboten. Radfahrer bilden keine Ausnahme – zu leicht könnte ein Fuß-

Rücksicht auf Verkehrsteilnehmer ohne Knautschzone sollte eigentlich selbstverständlich sein.

gänger übersehen werden; ein Unfall wäre programmiert Dabei gehört wirklich nicht viel dazu, Fußgängern statt dessen per Handzeichen die Sicherheit des gefahrlosen Überque-

Damit müssen Autofahrer immer rechnen: Fußgänger treten zwischen parkenden Autos auf die Fahrbahn.

rens zu geben. Schließlich ist auch jeder Rad- und Autofahrer gelegentlich Fußgänger.

Aufmerksamkeit und Vorsicht werden selbst an Fußgängerampeln verlangt. Fahrzeuglenker müssen hier besonders sorgfältig auf Kin-

Wenn eine Ausfahrt über den Bürgersteig führt, muß der Fahrzeuglenker mit Fußgängern rechnen.

Verkehrsthemen

Handel angeboten und kann an Kleidung und Taschen angebracht werden, so daß auch einzelne Personen rechtzeitig erkannt werden können.

In extreme Gefahr begeben sich angetrunkene Fußgänger zur Nachtzeit. Autofahrer müssen damit rechnen!
Und noch etwas, das viele Autofahrer nicht wissen: Ein Fußgänger, der ein Fahrzeug schiebt, hat an Kreuzungen und Einmündungen grundsätzlich Vorfahrt!

der achten. Die glauben im Vorschulalter meistens noch, daß die Ampel sofort nach dem Drücken auf Grün springt; sie rennen blindlings los, falls ihre Eltern ihnen die Ampelfunktionen noch nicht erklärt und das Überqueren mit ihnen geübt haben. Ältere Fußgänger schätzen häufig das Verkehrsgeschehen falsch ein, meist aus Unsicherheit. Sie müssen lernen, eindeutige Handzeichen zu geben, um Klarheit über ihre Absichten zu schaffen und die Botschaften anderer Verkehrsteilnehmer richtig zu deuten. Für ihre Sicherheit müssen Fußgänger auch etwas tun, was sehr oft sträflich vernachlässigt wird: sich bei Dämmerung und Dunkelheit sichtbar machen! Fehlende Beleuchtung der Straße und dunkle Kleidung erhöhen das Unfallrisiko. Reflektierendes Zubehör wird in vielen Variationen vom

Tips vom 7. Sinn

Tip 1: Grundsätzlich die Verkehrsregeln beachten

Tip 2: Rücksicht auf Fußgänger nehmen, besonders auf Kinder und ältere Menschen

Tip 3: Augen und Ohren offenhalten – Walkman verboten

Tip 4: Den Kopf mit einem guten Helm schützen

Radfahrer

Abbiegen für Radfahrer

Zwei von drei Radfahrern biegen ab, ohne vorher das Richtungshandzeichen zu geben, sagen Polizeibeamte, und beim Abbiegen nach links zeigt sogar nur einer von vieren seine Absicht an! Nicht zuletzt deswegen verunglücken so viele von ihnen an Kreuzungen und Einmündungen.

Allerdings haben Radfahrer, auch wenn sie ihren rechten oder linken Arm ausstrecken, nicht automatisch freie Fahrt. Fußgänger sind meistens bevorrechtigt. Autofahrer dürfen bei einem deutlichen Handzeichen den Radler nicht abdrängen und können zu seiner und ihrer eigenen Sicherheit beitragen, wenn sie dem Pedalritter Raum auf der Straße lassen. Der seitliche Abstand soll möglichst einen Meter betragen, um den Radler nicht zu irritieren oder vor Schreck zu Fall zu bringen. Genügend Platz verringert auch dessen Unfallrisiko beim Abbiegen.

An vielen Kreuzungen empfiehlt es sich für Radfahrer, mit der Übereck-Methode die Richtung zu wechseln: zunächst ganz rechts bleiben und mit dem Geradeausverkehr die Kreuzung überqueren – dann vom rechten Fahrbahnrand aus bei Grün die Fahrt in die gewünschte Richtung fortsetzen.

Einfacher und ungefährlicher biegt man an Kreuzungen mit besonderen Radwegen ab, natürlich nur dann, wenn man auf dem markierten Weg die Ampelsignale beachtet! Größte Vorsicht ist in der Nähe von Lastkraftwagen geboten! Radfahrer verschwinden – für den Lkw-Fahrer unsichtbar – sehr oft im toten Winkel des Rück- und Außenspiegels. Beim Anfahren gerät das Zweirad dann leicht unter den Laster. Radler haben in der Regel keine Chance, wenn der schwere Lkw die für Neufahrzeuge vorgeschriebenen seitlichen Schutzvorrichtungen noch nicht besitzt: die können verhindern, daß Rad und Radler unter das Fahrzeug rutschen und überrollt werden.

Tips vom 7. Sinn

Tip 1: Vor dem Abbiegen immer Handzeichen geben

Tip 2: Mit der Übereck-Methode die grünen Ampel-Phasen nutzen

Tip 3: Nie bei Rot losfahren!

Tip 4: Auffallende Abstandhalter am Rad anbringen

Tip 5: Neben und hinter einem Lkw den toten Winkel meiden

Verkehrsthemen

So soll es nicht sein: Eltern sollten darauf achten, daß ihre Kinder nur mit Helm Fahrrad fahren.

Verkehrsthemen

Dürfen Radfahrer alles?

Wenn Autokolonnen sich mühsam durch verstopfte Innenstädte quälen, flitzen die Radler auf ihren Drahteseln zügig vorbei. Auf kurzen Strecken kommen sie am schnellsten voran. Doch gibt es in Städten und Gemeinden oft zu wenig Radwege, und die vorhandenen sind manchmal so schlecht, daß aus dem Radfahren ein Schlagloch-Slalom wird.

Wo Radwege fehlen, machen Autofahrer den Pedalrittern das Leben schwer. Sie nehmen wenig Rücksicht auf die Zweiradfahrer, preschen zu schnell und zu dicht an ihnen vorbei und bringen damit die Radler in Gefahr. Deren Fahrzeuge haben keine Knautschzone!

Häufig sind aber die Radler auch nicht gerade Unschuldslämmer. Immer mehr Unfälle passieren durch eigenes Verschulden. Typisch sind das Fahren auf der falschen Straßenseite, Überholen von rechts, Benutzen von Einbahnstraßen in Gegenrichtung.
Radfahrer untereinander begegnen sich ebenfalls nicht mit Samtpfoten.

Nicht gerade selten preschen Radfahrer zu schnell, zu rücksichtslos und zu unvorsichtig heran.

Ein Zusammenstoß kann schon bei normaler Fahrgeschwindigkeit tödliche Folgen haben. Das gilt erst recht für das hohe Tempo, das mit modernen Gangschaltungen möglich ist. Kinder und ältere Menschen können manches Mal nur mit Mühe ausweichen, wenn die "Rennfahrer" – sogar auf dem Gehsteig – an ihnen vorbeijagen.
Bei Rot über die Kreuzung: so bringen die Helden am Fahrradlenker Autofahrer und Fuß-

Vorsicht, wenn Lkw rechts abbiegen wollen! Der Radler am Fahrbahnrand wird leicht übersehen.

Fahrrad gegen Fahrrad: Auch dieser Zusammenstoß kann schlimme Folgen haben.

Verkehrsthemen

Typischer Zusammenstoß zwischen Fahrrad und Auto: Der Radler fliegt in hohem Bogen auf die Motorhaube...

...und wird dann auf die Straße geschleudert.

gänger in Gefahr – und in Rage. Per Schußfahrt aus einem Hofeingang: wohl dem, der sich gerade noch mit einem Sprung zur Seite retten kann. Und die Unsitte, sich beim Radfahren mit Hilfe lauter Musik aus dem geliebten Walkman entspannt aus dem Verkehrsgeschehen auszuklinken: Wer das tut, kann von Glück sagen, wenn er nicht die Engel singen hört!

Mountainbikes

Wehe, wenn sie losgelassen! Mountainbikes als neue Invasion in Stadt und Land ... Modisch gestylt, werten sie auch den Fahrer und die Bikerin auf: Je teurer der Luxusdrahtesel, desto mehr. Aber ist das Rad auch sinnvoll? Diese Frage muß vor dem Kauf gestellt werden.

Welchem Zweck hat das Zweirad zu dienen? Soll es nur im Gelände benutzt werden oder

Verkehrsthemen

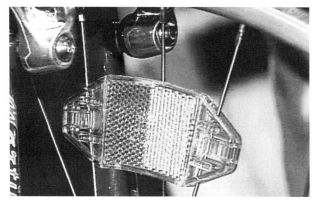

Im Straßenverkehr braucht das Mountainbike die vorschriftsmäßige Sicherheitsausrüstung.

auch Straßenverkehrsgefährl sein? Ganz wichtig zu wissen: Off-road-Räder müssen im normalen Straßenverkehr vorschriftsmäßig ausgerüstet sein! Sie brauchen also Beleuchtung, Klingel und verschiedene Reflektoren. Und der Fahrer sollte einen Schutzhelm tragen. Oft kauft ein Benutzer sein Rad zu groß. Falsch! Es muß zu seiner Körpergröße passen und deshalb vor dem Kauf "anprobiert" werden: Weder sollen die Beine einknikken noch in der Luft hängen, wenn der Radler auf dem Sattel sitzt, um die Rahmengröße zu testen. Daher empfiehlt es sich auch, nicht ein x-beliebiges Mountainbike zu verschenken, wenn es Freude bringen soll.

Vor der ersten Tour muß sich der neue Besitzer mit Gangschaltung und Bremsen vertraut machen. Die Fahrt auf einem abschüssigen Schotterweg könnte sonst ein böses Ende finden! Auf Wanderwegen haben nicht die Biker Vorrang, sondern Fußgänger. Radfahrer sind verpflichtet, vorsichtig, langsam und mit genügendem Abstand an einzelnen Personen wie an Gruppen vorbeizufahren; sie tun also gut daran, für ihre Touren lieber breite Wege als enge Fußpfade zu wählen.

Allerdings steht auch nicht jeder Waldweg den Radfahrern für ihr Vergnügen zur Verfügung. Im Gegenteil! Es gibt Regionen, wo es ausdrücklich erlaubt sein muß, bestimmte Waldwege zu befahren. Erst recht sind Wanderer und auch Forstverwaltungen sauer, wenn die Biker sich über alle Regeln hinwegsetzen und wild durchs Forstgelände kurven. Nicht nur das Wild wird aufgescheucht, die grobstolligen Reifen zermalmen Pflanzen, zerpflügen den Boden und zerstören so Flora und Fauna. Privatgrund ist übrigens für Biker streng tabu!

Tips vom 7. Sinn

Tip 1: Überlegt kaufen – ein Mountainbike ist eigentlich nur ein Rad fürs Gelände

Tip 2: Vorgeschriebenes Zubehör anbringen, wenn das Rad im normalen Verkehr genutzt wird

Tip 3: Vor dem Kauf das Rad auf die richtige Rahmengröße prüfen

Tip 4: Schaltung und Bremsen vor der ersten Fahrt kennenlernen. Nur mit Helm fahren

Tip 5: Regeln und Vorschriften im Stadtverkehr, aber auch in Wald und Feld einhalten

Verkehrsthemen

Für kleine Mountainbiker lauern Gefahren auch auf dem Gehweg.

Krankheit und Alter

Der weiße Stock

Viele Blinde und fast Blinde müssen im Straßenverkehr allein zurechtkommen, angewiesen auf ihren weißen Stock, auf Gehör und Tastsinn – und auf die Rücksicht anderer Verkehrsteilnehmer. Auch wer sehen kann, ärgert sich über die Hindernisse auf Gehwegen: parkende Autos und Fahrräder, Kinderfahrzeuge, nicht weggeräumte Mülltonnen... Für den Blinden werden solche Hürden erst recht zum Problem. Oder neu eingerichtete Baustellen! Der Stock braucht lange, um die veränderte Situation gründlich zu ertasten. Ein vorher gut bekannter Weg wird beinahe unüberwindlich. Hier ist fremde Hilfe willkommen und vonnöten. Blinde nehmen meistens gern Unterstützung an.

Wenn sie auch für das richtige Verhalten im Verkehr trainiert wurden, geraten sie doch zuweilen in verwirrende Situationen, sobald falsches Verhalten anderer Unsicherheit stiftet. Blinde müssen sich auf ihre Umgebung verlassen können. Beispiel: Sie vertrauen mehr als Sehende auf ihr Gehör und nehmen, wenn sie über die Straße wollen, genau wahr, wenn Autos stoppen. Aber Autofahrer sollten nicht schon wieder losfahren, solange sich ein Blinder auf der Fahrbahn befindet!

Ein Blindenhund führt seinen Herrn oder das Frauchen sicher um ein Hindernis herum. Ohne Hund tasten Blinde sich mühsam daran vorbei. Wenn sie einen Radfahrweg überqueren wollen, können ankommende Radfahrer durch rechtzeitiges Klingeln verhindern, daß der Blinde vors Fahrrad läuft.

Tips vom 7. Sinn

Tip 1: Auf den weißen Stock der Blinden achten, evtl. Hilfestellung geben

Tip 2: Auf Gehwegen Hindernisse vermeiden, von denen Blinde verunsichert werden

Tip 3: An Zebrastreifen Blinden den Vorrang lassen und als Autofahrer erst wieder losfahren, wenn der Blinde sicher auf dem Gehweg angekommen ist

Tip 4: Als Radfahrer die Klingel rechtzeitig benutzen, wenn Blinde den Radweg überqueren wollen

Tip 5: An Haltestellen öffentlicher Verkehrsmittel Blinden beim Einsteigen helfen und sie bis zum Sitzplatz begleiten

Verkehrsthemen

Eine neue Baustelle verunsichert blinde Menschen. Sie brauchen dann Hilfe.

Bürgersteige sollten nicht gedankenlos zugestellt werden. Wer auf den weißen Stock angewiesen ist, findet sich nur auf gewohnten Wegen zurecht.

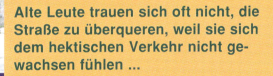

Alte Leute trauen sich oft nicht, die Straße zu überqueren, weil sie sich dem hektischen Verkehr nicht gewachsen fühlen ...

Lassen Sie sich helfen!

... deshalb sollte man ihnen helfen.

Verkehrsthemen

Die Fahrradklingel hat dieser Mann nicht gehört.

Nicht nur, daß Autofahrer das Martinshorn oder die Feuerwehrsirene überhören und deswegen dem Einsatzfahrzeug das Vorfahrtsrecht vorenthalten – auch wenn Beifahrer im Auto nicht verstanden werden, kann schnell eine kritische Situation eintreten. Für Fußgänger steigt das Unfallrisiko ebenfalls. Wer Motorengeräusche von Fahrzeugen nicht mehr richtig wahrnimmt, tut schnell den falschen Schritt auf die Fahrbahn und landet dann im Krankenhaus.

Deshalb sollte man sein Gehör von Zeit zu Zeit kritisch überprüfen. Das geht sogar mit einem Grob-Test per Telefon mit einer speziellen Anschlußnummer. Genaueren Aufschluß gibt natürlich die Untersuchung beim Ohrenarzt.

Es gibt inzwischen nicht nur Ampeln mit akustischen Signalen für Blinde, sondern auch Fußgängerampeln, deren Farbsignale ertastet werden können. Autofahrer müssen wissen, daß auch Blinde bei umspringendem Rot weitergehen und dürfen den weißen Stock auf keinen Fall übersehen!
Beim Einsteigen in Busse und Bahnen sind viele Blinde dankbar für Hilfestellung bis zu einem Sitzplatz im Wageninnern. Wenn Sehende die Augen auch für die blinden Mitmenschen offenhalten, kann denen der Verkehr nichts anhaben.

Besser hören

15 Millionen Bundesbürger leiden unter Schwerhörigkeit, zwei Drittel von ihnen aus Altersgründen. Aber auch viele junge Leute sind schon hörgeschädigt, weil sie sich zu oft in lauten Discos aufhalten oder den Lärmpegel ihres Walkman zu hoch aufdrehen. Die Folge: erhöhtes Risiko im Straßenverkehr.

Tips vom 7. Sinn

Tip 1: Ab und an das Gehör selbst testen, vor allem, wenn man älter ist

Tip 2: Im Zweifel den Ohrenarzt prüfen lassen

Tip 3: Schwerhörigkeit nicht verdrängen, sondern Hörhilfen in Anspruch nehmen

Verkehrsthemen

Ob das Gehör noch intakt ist, läßt sich sogar per Telefon feststellen.

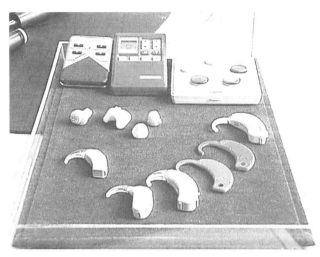
Eine große Auswahl an Hörgeräten kann bei Schwerhörigkeit Abhilfe schaffen.

Blödelstar Karl Dall: "Wenn Sie laut genug sprechen würden, könnte ich Sie wirklich verstehen!"

Showmaster Jürgen von der Lippe: "Haben Sie etwas gesagt?"

Verkehrsthemen

Rollstuhlfahrer brauchen oft Spezialfahrzeuge, weil sie in Bussen und Bahnen nicht mitfahren können.

Eitelkeit verhindert leider oft, daß Hörgeschädigte sich an den Arzt wenden; sie empfinden ihre Schwerhörigkeit als persönlichen Makel und verdrängen die damit verbundenen Probleme.

Dabei gibt es eine Vielzahl von Hörhilfen, die der Hörgeräteakustiker für jeden Einzelfall exakt ausmessen muß. Einige Typen werden unauffällig im oder hinterm Ohr getragen. Ein ganz neues Modell paßt sich automatisch verschiedenen akustischen Umfeldern an. Mancher Knopf im Ohr läßt sich sogar per Fernbedienung auf verschiedene Geräuschkulissen einstellen. Alle Modelle werden zunächst individuell akustisch angepaßt.

Rollstuhlfahrer

Immer noch sind Rollstuhlfahrer benachteiligte Verkehrsteilnehmer. Straßenbahnen und Busse können sie oft nicht benutzen, weil entsprechende Möglichkeiten fehlen. Deshalb bieten caritative Organisationen Fahrdienste mit Spezialfahrzeugen an. Behinderte können solch einen Fahrdienst telefonisch anfordern. Fachfirmen bauen Behinderten deren eigenen Pkw um, so daß sie fast ohne fremde Hilfe mobil sein können, oder verkaufen entsprechende Spezialfahrzeuge. Da fehlt kein Sicherheitsgurt, und der Rollstuhl wird fest verankert.

Finden Rollstuhlfahrer auf der Straße keine abgeflachten Bürgersteigränder, haben sie es schwer, wenn sie die Fahrbahn wechseln wollen. Sind Straßenbahnschienen in die Fahrbahn eingelassen, dauert die Überquerung noch länger. Nichtbehinderte sollten entsprechende Rücksicht nehmen und ihre Hilfe

Tips vom 7. Sinn

Tip 1: Behindertenparkplätze für Behinderte freilassen

Tip 2: Größeren Seitenabstand zu Behindertenfahrzeugen halten – Rollstühle brauchen Platz

Tip 3: Behinderten helfen, wenn flache Bürgersteigkanten fehlen

Tip 4: Als Rollstuhlfahrer in der Dunkelheit nur mit reichlich reflektierendem Zubehör an Fahrzeug und Kleidung sich in den Straßenverkehr wagen

Verkehrsthemen

Dieses Zeichen fordert zu ganz besonderer Rücksichtnahme auf.

Ist ein Fahrzeug mit dem Behindertenaufkleber gekennzeichnet, müssen parkwillige Autofahrer auf vergrößerten Seitenabstand achten, sonst kann die Tür des Behindertenfahrzeugs nicht weit genug für den Rollstuhl geöffnet werden.

Ein Rollstuhlfahrer braucht reflektierende Markierungen, damit er in der Dunkelheit nicht übersehen werden kann.

anbieten. Selbstverständlich sind die gekennzeichneten Behindertenparkplätze ausschließlich dieser Personengruppe vorbehalten. Fahrzeuge ohne die amtlich vorgeschriebene Behindertenplakette an der Heckscheibe werden womöglich abgeschleppt!

Neben einem Behindertenfahrzeug darf nicht eng geparkt werden. Der Rollstuhlfahrer braucht reichlichen Seitenabstand, um wieder problemlos ins Auto zu gelangen. Nichtbehinderte müssen mitdenken!

Bei Dunkelheit sind Rollstuhlfahrer besonders gefährdet. Im Scheinwerferlicht ist der Rollstuhl zwar noch ganz gut zu erkennen – aber nur, wenn Rücklichter und Reflektoren sauber sind. Ohne reflektierende Folien an der Rollstuhlrückseite und möglichst zusätzliche ge-

genstrahlende Plaketten, auch an der Kleidung, bleiben Rollstuhlfahrer nachts besser zuhause.

Senioren im Straßenverkehr

Ältere Menschen zählen zu den Risikogruppen im Straßenverkehr. Oft halten sie sich nicht an die Regeln und werden unberechenbar für andere Verkehrsteilnehmer. Unfälle sind dann nicht immer zu vermeiden.

Das Überqueren der Fahrbahn ist eine der Hauptunfallursachen bei den Senioren, selbst an gesicherten Übergängen. Statt das Umschalten der Ampel auf Grün abzuwarten, laufen alte Leute wenige Meter weiter von einer Straßenseite auf die andere, so daß Autofahrer nur mit Mühe rechtzeitig bremsen können. Andererseits sind alte Menschen oft ängstlich und fühlen sich dem hektischen Straßenverkehr nicht mehr gewachsen. Umso wichtiger ist es für sie, nur gesicherte Überwege zu benutzen.

Auch bei kurzgeschalteten Ampelphasen gilt für alte ebenso wie für junge Fußgänger: Einmal auf der Fahrbahn, zügig weitergehen, wenn das Ampellicht wieder auf Rot gesprungen ist; nicht stehenbleiben und auf keinen Fall kopflos kehrtmachen! Besonders riskant ist das Überqueren der Straße hinter großen Fahrzeugen. Der Fußgänger, der sich hier besonders geschützt wähnt, wird nicht gesehen und daher leicht zum Unfallopfer. Besser der Umweg zu einem gekennzeichneten Überweg als verletzt ins Krankenhaus!
Fehlt ein Überweg in der näheren Umgebung, sollten alte Leute sich von Jüngeren helfen lassen statt sich einer Situation auszusetzen, die sie allein kaum bewältigen. Die meisten Mitmenschen sind gern dazu bereit.

Allerdings empfiehlt es sich auch, daß Senioren für ihre Ausgänge und Besorgungen nicht gerade die Hauptverkehrszeiten wählen. Zu einer anderen Tageszeit sind die Straßen in der Regel wesentlich ruhiger und überschaubarer und auch die hilfsbereiten Mitbürger weniger gestreßt.

Tips vom 7. Sinn

Tip 1: Straßen nur an gesicherten Übergängen überqueren

Tip 2: Auch wenn die Ampel wieder auf Rot springt: zügig weitergehen, nicht stehenbleiben oder umkehren!

Tip 3: Ist kein Überweg vorhanden, Jüngere für die Überquerung um Hilfe bitten

Tip 4: Kurzsichtige sollen unbedingt ihre Brille tragen und nicht, etwa aus Eitelkeit, zuhause lassen

Motorradfahrer

Start in die Motorradsaison

Die Winterpause läßt bei vielen Motorradfahrern das Gefühl für ihre Maschine regelrecht einfrieren. Der Start in die neue Saison geht daher manches Mal schief: Geradeausfahren klappt gerade noch, Kurven jedoch können eine Abflugrampe ins Grüne bedeuten.

Dabei gehen die meisten Fahrer sorgfältig ans Werk, wenn sie ihren eingemotteten "Bock" für das sommerliche Fahrvergnügen startklar machen. Sie kontrollieren Batterie, Bremsflüssigkeit, Reifenprofil und Luftdruck und verhalten sich damit sicherheitsbewußt. Aber nicht nur die Maschine muß fit sein, sondern erst recht der Fahrer!

Das bedeutet: Training! Vorsichtig auf wenig befahrenen Straßen allmählich wieder ans Motorrad-Fahrgefühl gewöhnen, Geschwindigkeit, Schräglage, das eigene Reaktionsverhalten und das der Maschine ausprobieren. Wer nicht ständig Motorrad fährt, ist zwangsläufig nach monatelanger Pause zunächst unsicher und braucht eine Eingewöhnungszeit. Nach dieser "Aufwärmphase" kann er dann die Maschine auch bei einer Blockierbremsung sicher in der Spur halten.

Die beste Empfehlung ist ein Sicherheitstraining. Hier lernt man das Ausweichen vor Hindernissen und das Abfangen des Fahrzeugs auf gefährlichem Untergrund – eine Art Lebensversicherung für den Motorradfahrer. Denn ihm droht gerade im Frühling Gefahr durch andere Verkehrsteilnehmer, die sich

Wer im Winter sein Motorrad stillgelegt hatte, muß sich erst wieder an das Fahrgefühl auf zwei Rädern gewöhnen.

noch nicht auf die neue Motorradsaison eingestellt haben, zu wenig Rücksicht üben und zudem oft die Geschwindigkeit der schnellen Zweiräder unterschätzen. Deren schmale Silhouette macht sie häufig für Sekundenbruchteile unsichtbar – hinter Bäumen, einer Litfaßsäule oder Dachholmen. Sicherheitsbewußtes

Im Rückspiegel ist der Motorradfahrer nicht immer leicht zu erkennen. Das bedeutet für ihn: Vorsicht beim Überholen!

Verkehrsthemen

Fahrtraining ist die Chance, Unfälle zu vermeiden und die neue Saison heil zu überstehen.

Schutzhelme und Visiere

Für den Kopf ist das Beste gerade gut genug. Motorradfahrer dürfen deshalb nur Helme tragen, die der europäischen Norm ECE 22-02 oder 22-03 entsprechen. Damit wird ein Qualitätsstandard gefordert, der bei Unfällen hohe Sicherheit gewährleistet.

Einen einheitlichen Verschluß haben die neuen Helme immer noch nicht. Zahlreiche Systeme sind zugelassen. Helfer am Unfallort verlieren jedoch wertvolle Zeit, wenn sie erst herausfinden müssen, wie ein Helmschloß geöffnet wird.

So wichtig es ist, daß der Helm Nacken und Kinn besonders fest umschließt: ein unbekanntes Verschlußsystem kann im Ernstfall die Schutzwirkung durch den Zeitverlust beeinträchtigen. Es gibt Helme mit einem High-Tech-Mechanismus, dessen Bedienung nicht einmal alle Verkäufer erklären können! Bei solcher Verwirrung wünscht sich mancher Käufer die guten alten Drucktastensysteme zurück.

Gleiche Aufmerksamkeit hat dem Visier zu gelten. Auf Anti-Beschlag-Beschichtung und gute Lüftung sollte man auf keinen Fall verzichten, denn durch ein beschlagenes Visier ist die Fahrbahn nicht mehr richtig zu erkennen. Ein zerkratztes Visier muß ausgetauscht werden! Und wie stellt man fest, wann es so weit ist? Man legt einen Karton mit drei aufgezeichneten Strichen auf den Boden, stellt ein Teelicht davor und geht drei bis vier Meter zurück.

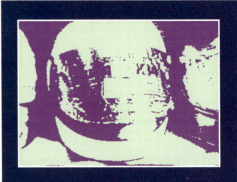

Tips vom 7. Sinn

Tip 1: Schutzhelm nur nach EG-Norm ECE 22 - 02 oder -03 kaufen! Auf dem eingenähten Etikett am Innenfutter oder am Kinnriemen geben die ersten Ziffern unten links die Norm an. Keinen gebrauchten Helm ohne die ECE-Bezeichnung übernehmen

Tip 2: Belüftungsschlitze dürfen nicht zu groß sein, damit sie keinen Einlaß für spitze Fremdkörper bieten

Tip 3: Der Helmverschluß muß leicht zu handhaben sein. Der Kinnriemen soll 15 bis 18 Millimeter breit sein und sich mit einer Hand straffziehen lassen

Tip 4: Der Helm soll eine etwa zwei Zentimeter dicke Hartschaumschicht haben, jedoch nicht mehr als 260 Gramm wiegen

Tip 5: Beim Kauf anprobieren, evtl. mit Einlagen passend machen. Der Helm muß fest und paßgenau sitzen

Tip 6: Das Visier nicht vernachlässigen! Anti-Beschlag-Beschichtung und gute Lüftung sind wichtig; bei Verkratzen auswechseln und nicht auf Kosten der Sicherheit am Preis sparen

Verkehrsthemen

Ein simples Experiment: Aufprall mit 20 km/h. Aber die Melone ist heil geblieben.

Ohne Helm dagegen ...

Schutzhelme müssen genormten Anforderungen genügen.

...Visiere brauchen gute Lüftung und eine Anti-Beschlag-Schicht.

Ein verkratztes und beschlagenes Visier ist ein Sicherheitsrisiko. Auswechseln!

Verkehrsthemen

Dann: Helm auf – Licht aus! Sind jetzt die aufgemalten Linien gut zu erkennen, ist das Visier in Ordnung; verschwimmen sie, ist das Visier so verkratzt, daß es nicht mehr benutzt werden darf.

Für fast jeden Helmtyp gibt es Visiere in mehreren Preisklassen. Die teureren bieten mehr Sicherheit. Das Visiermaterial muß z.B. Steinschlag elastisch abfedern können, ohne zu reißen. Bei Billigvisieren ist das nicht immer der Fall.

Auf dem Parcours.

Sicherheitstraining für Motorradfahrer

Gefährliche Situationen lassen sich in vielen Fällen durch eigene, angepaßte Fahrweise vermeiden. Voraussetzung ist die perfekte fahrtechnische Beherrschung des Fahrzeugs. Wer die richtigen Bedienungsabläufe auch im kritischen Moment parat hat, kann meistens einen Unfall verhindern. Bei einem Sicherheitstraining für Motorradfahrer läßt sich erlernen, wie man die Maschine richtig im Griff hat.

In der Kurve zum Beispiel. Wer sich nicht richtig hineinlegt, verschenkt eine Menge an Kurvensicherheit. Das Fahrzeug aus der Schräglage wieder aufzurichten und zu bremsen ist oft nicht so leicht, wie es aussieht. Trainieren unter Anleitung hilft weiter. Eine andere Schwierigkeit: Langsam auf einen Hügel fahren, in der Kurve die Maschine abwinkeln und weiterfahren bedeutet, in der Schräglage die Balance halten zu können. Oder Fahren auf losem Untergrund: Üben auf einem Kiesbett nimmt dem Fahrer die Angst vor schlechten Fahrbahnverhältnissen: Er beherrscht sein Motorrad durch die richtige Körperhaltung, wenn er, auf den Fußrasten stehend, sicher durchkommt.

Das fehlerfreie Ausweichen vor einem Hindernis will ebenfalls gelernt sein: Erst abbremsen, dann Bremsen lösen, Maschine abwinkeln, in Schräglage um das Hindernis herumfahren und wieder aufrichten. Taucht ein

Tips vom 7. Sinn

Tip 1: Fahrtechnische Beherrschung des Motorrades präzise einüben, und zwar

Tip 2: bei einem offiziellen Sicherheitstraining, das von Automobilclubs und anderen Verbänden und Organisationen regelmäßig angeboten wird

Verkehrsthemen

Hier lernt der Motorradfahrer, brenzlige Situationen zu beherrschen.

Hindernis ganz plötzlich auf, muß der Fahrer genauso reagieren – aber der Überraschungsmoment erhöht das Unfallrisiko, wenn die Übung nicht wie ein Reflex abläuft.

Auch zur richtigen Vollbremsung bringen es viele Motorradfahrer erst nach einem Sicherheitstraining. Beide Bremsen gleichzeitig voll und gefühlvoll bedienen, um den Bremsweg zu verkürzen, klappt meistens nicht auf Anhieb.

Die Hohe Schule des Motorradfahrens ist jedoch das Bremsen auf nasser Fahrbahn, das noch mehr Gefühl erfordert. Sobald die Räder blockieren, müssen die Bremsen leicht gelöst und sofort wieder betätigt werden. Wenn das Hinterrad wegrutscht, Bremsen kurz lösen und damit das Motorrad wieder stabilisieren.

Tips vom 7. Sinn

Tip 1: Motorrad auf Sicherheit überprüfen: Batterie, Bremsen, Reifen, Luftdruck

Tip 2: Fahrfertigkeiten testen: Langsam ans Fahrgefühl gewöhnen

Tip 3: Probefahrten auf wenig belebten Straßen

Präzision, Kurven fahren, bremsen auf schwierigem Untergrund.

Verkehrsthemen

Bremsen und "fliegen"

Bei falschem Bremsen: Lebensgefahr! Daran muß jeder Motorradfahrer denken, wenn die Fahrbahn naß ist.

Wenn bei scharfem Bremsen die Räder blockieren, ist ein Motorrad oft nicht mehr zu halten. Ob bei Nässe oder auf Sand – schwere Stürze lassen sich dann kaum vermeiden. Deshalb sind viele Motorräder bereits mit dem Antiblockiersystem ABS ausgestattet. Elektronik verhindert das Blockieren der Räder und gibt für Sekundenbruchteile die Bremsen frei. So kann das Fahrzeug seine Spur halten und kommt sicher zum Stehen.

Passiert doch mal ein Unfall, hängt viel von der Fahrerbekleidung ab. Der Helm muß eng am Kopf anliegen, der Kinnriemen fest geschlossen sein, damit sich der Kopfschutz nicht im kritischen Moment löst und ins Gelände fliegt. Der Lederanzug ist kein Angeber-Outfit, sondern eine unverzichtbare Sicherheitsmaßnahme. Jeans- und Stoffkleidung, Turnschuhe und nackte Hände gehören ins Sündenregister von Leichtsinn und Dummheit, denn eine lange Schleifspur über die Fahrbahn mit hoher Geschwindigkeit halten weder leichte Textilien noch die menschliche Haut unbeschadet aus.

Erst recht schützt gute Sicherheitskleidung auch bei einem Zusammenstoß, vor allem die Knie. Trotzdem sind die Chancen für den Motorradfahrer, der in die Seite eines Autos knallt, gering, wenn er nicht im hohen Bogen über das Auto hinwegfliegt.

Diesen "Überlebenssprung" kann man trainieren: Raus aus dem Sattel! Hinstellen! Knie weg vom Lenker, und mit der Aufprallgeschwindigkeit in einer "Rolle vorwärts" über die Motorhaube hinweg! So landet man unsanft, aber so gut wie unverletzt auf dem Boden.

Tips vom 7. Sinn

Tip 1: Gute Sicherheitskleidung tragen

Tip 2: Motorrad mit ABS kaufen

Tip 3: Sicherheitstraining absolvieren

Tip 4: "Überlebenssprung" üben

Unfallverletzungen fallen nicht so schwer aus, wenn Motorradfahrer gute Sicherheitskleidung tragen.

Verkehrsthemen

Diesen "Überlebenssprung" können Motorradfahrer für den Ernstfall trainieren.

LKW im Straßenverkehr

Abstand und Verantwortung

Lastzüge sind als rollende Warenlager im internationalen Güterverkehr auf Autobahnen und Bundesstraßen unterwegs. Ihre Zahl steigt ständig und wird vor allem auf den Routen von West nach Ost noch kräftig wachsen. Die Fahrer müssen knappe Termine einhalten. Zeitdruck und Streß wollen sie oft durch erhöhte Geschwindigkeit wettmachen.

Das geht nicht immer gut. Die Statistik weist Lkw-Fahrer überproportional oft als Hauptverursacher bei Unfällen aus. Tatsächlich verhalten sich viele verantwortungslos. Sie fahren nicht nur zu schnell, sondern auch mit zu wenig Abstand. Verheerende Massenkarambolagen und entsetzliche Unfälle sind die Folge, wenn schwere Lkw nicht rechtzeitig abbremsen können und in einen Stau fahren.

Sich dagegen zu schützen ist fast unmöglich. Lkw-Fahrer müssen die Verantwortung für andere Verkehrsteilnehmer besonders ernst nehmen.

Pkw mit Anhänger

Wenn Fahrzeuge, die gemeinsam mehr als drei Achsen haben, miteinander verbunden sind, bilden sie einen Zug. Der Fahrer braucht einen Lkw-Führerschein. Bei einem Abstand von weniger als einem Meter zählt allerdings eine doppelte Achse nur einfach.

Anhänger müssen in der Regel zugelassen werden. Zulassungsfrei sind z.B. Spezialanhänger für die Beförderung von Tieren und Sportgeräten (z.B. Boote); sie sind von der Kfz-Steuer und Versicherung befreit, aber sie brauchen ein amtliches Kennzeichen und müssen auch zur technischen Fahrzeugüberwachung (TÜV).

Sobald jedoch solche Anhänger für andere Zwecke eingesetzt werden, muß man sie zulassen (und auch Steuern und Pflichtversicherung zahlen), egal ob geschlossener Kasten oder offener Bootsanhänger. Ein Gespann darf bis zu 18 Meter lang sein, der Anhänger nicht länger als 12 Meter. Die Breite

Tips vom 7. Sinn:

Tip 1: Lkw dürfen das erlaubte Tempo nicht überschreiten

Tip 2: Abstand halten, besonders zu vorausfahrenden Pkw. Die üblichen zwei Sekunden reichen nicht immer aus

darf 2,50 Meter betragen (im Ausland gelten z.T. andere Bestimmungen). Bis zu 1,50 Metern kann die Ladung hinten herausragen, wenn scharfkantige Teile abgedeckt sind. Ab einem Meter Länge muß eine rote Fahne oder ein anderes auffallendes Teil die überstehende Ladung nach hinten kenntlich machen.

Die zulässige Anhängerlast ist im Kraftfahrzeugschein eingetragen. Sie darf nicht überschritten werden. Auch die Fahrgeschwindigkeit ist begrenzt. Außerhalb geschlossener Ortschaften und auch auf der Autobahn muß bei Tempo 80 Schluß sein. Denn das größere Gewicht durch den Anhänger verändert das Bremsverhalten, der Anhalteweg wird länger, und der Anhänger kann leicht ins Schleudern geraten.
Wichtig: Vorschriftsmäßige, einwandfreie Befestigung des Anhängers, damit er sich nicht selbständig machen kann.

Das Überholen ist mit besonderem Risiko verbunden. Wenn die Verkehrslage nicht ganz eindeutig ist, läßt man es lieber!

Per Wohnmobil unterwegs

Augen auf beim Fahren mit einem Wohnmobil! Parken z. B. ist solch einem rollenden Heim nicht überall erlaubt, auf manchen Plätzen sogar ausdrücklich verboten. Wer mit einem Wohnmobil durch die Gegend fahren will, tut also gut daran, sich zunächst gründlich zu informieren. Denn vieles ist anders als beim Pkw.

Will man ein Fahrzeug mieten, genügt es nicht, sich die Größe des Tanks für Duschwasser erklären zu lassen oder versuchsweise die Sitzecke in ein Bett zu verwandeln.

Auf einer Probefahrt lernt man ein Wohnmobil schon besser kennen.

Diese Ferienhäuser auf Rädern sind wesentlich schwerer als ein Pkw und haben folglich einen längeren Bremsweg. Ein größerer Sicherheitsabstand ist unbedingt notwendig. Daß der Schwerpunkt des Fahrzeugs höher liegt als gewohnt, macht sich besonders bei Seitenwind bemerkbar: Fahrzeuge mit Hochdächern sind extrem anfällig!

Natürlich ist auch das Rangieren schwieriger als beim Pkw. Vor allem das Einbiegen verlangt Fingerspitzengefühl und Fahrerfahrung.

Tips vom 7. Sinn

Tip 1: Sich über amtliche Vorschriften informieren

Tip 2: Die Ladung sicher befestigen

Tip 3: Den Anhänger sicher befestigen

Tip 4: Beim Fahren verlängerten Bremsweg bedenken

Tip 5: Vorsicht beim Überholen

Verkehrsthemen

Ein mittleres Wohnmobil hat einen eineinhalbmal so großen Wendekreis wie ein normaler Pkw, bei einem großen Fahrzeug verdoppelt er sich sogar.

Sehr beliebt sind Wohnmobile Marke Eigen(um)bau. Mit viel Phantasie und handwerklichem Geschick werden ausgediente Transporter zu rollenden Urlaubsdomizilen umgestaltet. Das ist erlaubt – allerdings mit Einschränkungen. Die neu eingebaute Gasanlage beispielsweise muß von einer Fachwerkstatt geprüft und vom TÜV abgenommen werden, sonst geht der Versicherungsschutz flöten. Extra-Einbauten verringern die Zuladekapazität. Das zulässige Gesamtgewicht darf nicht überschritten werden.

Wohnmobilisten wollen meistens viel mitnehmen. Allzuoft verstauen sie ihr Gepäck nicht richtig. Wenn alles im Heck untergebracht wird, weil dort viel Platz ist, wird die Hinterachse überladen. Das Fahrzeug setzt bei Bodenwellen schnell auf, und das Fahrverhalten verschlechtert sich.
Natürlich muß, wer Fahrräder aufpackt, für absolut sichere Befestigung sorgen.

Miet-Anhänger

Nicht jeder Pkw eignet sich als Lastenschlepper. Wer ein Auto mit Anhängerkupplung fährt, kann sich leicht helfen, wenn es um den Transport von sperrigen Teilen oder einen kleinen Umzug geht: Ein Leih-Anhänger als preiswerte Alternative zum gemieteten Lkw löst das Problem. Zudem dürfen, im Gegensatz zum Lkw, Anhänger auch von Fahrern unter 21 Jahren benutzt werden.
Vorsicht! Um keinen Reinfall zu erleben, nimmt man den Mietanhänger bei der Übernahme genau unter die Lupe. Er soll schließlich keinen Ärger machen – z. B. durch ein nicht einwandfreies Anschlußkabel oder eine defekte Beleuchtung. Auch die Reifen müssen geprüft werden. Unter zwei Millimeter Profil? Den Anhänger läßt man besser stehen! Die Feststellbremse und die Verschlüsse an

Tips vom 7. Sinn

Tip 1: Probefahrt machen, Funktionen prüfen

Tip 2: Längeren Bremsweg einkalkulieren, großzügigen Sicherheitsabstand halten

Tip 3: Vorsicht bei Seitenwind

Tip 4: Beim Einbiegen großen Wendekreis beachten

Tip 5: Ladung gleichmäßig verteilen und sicher verstauen. Fahrräder, Surfbretter u.ä. an der äußeren Karosserie befestigen

Tip 6: Bei Eigenumbau über gesetzliche Vorschriften für Installationen informieren

Verkehrsthemen

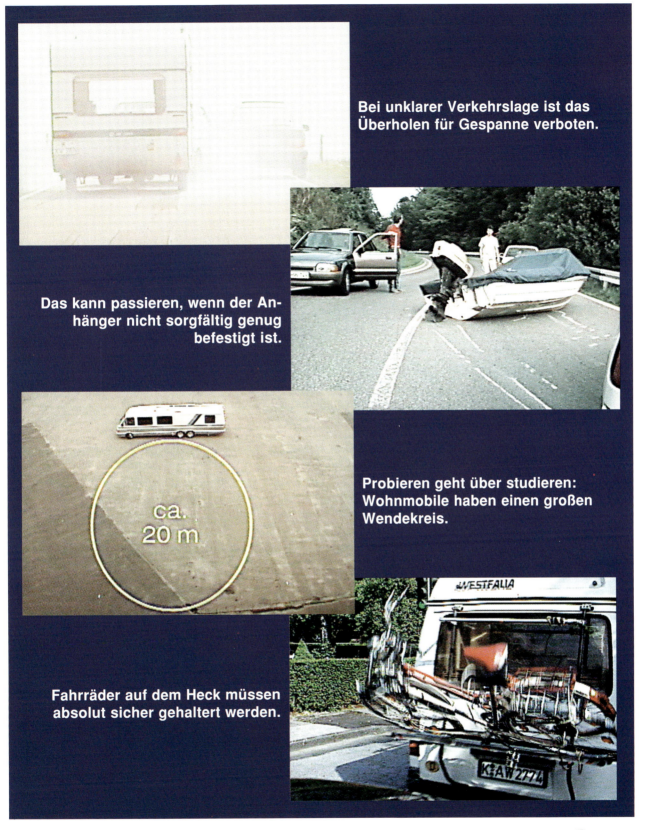

Bei unklarer Verkehrslage ist das Überholen für Gespanne verboten.

Das kann passieren, wenn der Anhänger nicht sorgfältig genug befestigt ist.

Probieren geht über studieren: Wohnmobile haben einen großen Wendekreis.

Fahrräder auf dem Heck müssen absolut sicher gehaltert werden.

Verkehrsthemen

den Aufbauten gehören ebenfalls in die Checkliste.

Mit dem Hingucken ist es nicht getan. Auf einem freien Platz läßt sich die Auflaufbremse am besten ausprobieren. Wenn die Räder blockieren, kann z. B. die Bremse nicht in Ordnung sein.

Das Fahren mit Anhänger bringt Ungeübte leicht in Schwierigkeiten. Fahrfehler sind die häufigsten Unfallursachen beim Mitführen von Anhängern. Rückwärtsfahren läuft anders ab als in einem Einzelfahrzeug: der Anhänger reagiert genau entgegengesetzt zu den Lenkbewegungen. Ein Helfer beim Rangieren erspart mit Anweisungen von außen dem Fahrer das Anecken.

Die Überbreite mancher Anhänger ist ein weiterer Punkt. Beim Umfahren eines Hindernisses muß das einkalkuliert werden, ebenso wie der größere Wendekreis beim Einbiegen in eine Querstraße. Schiefgehen kann die Fahrt trotzdem noch – wenn nämlich die Ladung nicht sorgfältig gesichert ist.

Bei Schäden an Aufbauten und Planen des Anhängers zahlt keine Versicherung.

Hingucken genügt nicht. Auch die Auflaufbremse vor Fahrtantritt überprüfen!

Nicht einfach losfahren!
Gemietete Anhänger nimmt man zunächst gründlich unter die Lupe.

Tips vom 7. Sinn

Tip 1: Miet-Anhänger bei Übernahme prüfen, auch Reifen und Feststellbremse

Tip 2: Anschlußkabel und Beleuchtung beim Fahren ausprobieren

Tip 3: Probefahren auf einem freien Platz; Auflaufbremse testen

Tip 4: Rückwärtsfahren und Einbiegen mit dem Anhänger im Schonraum üben

Tip 5: Ladung perfekt sichern

Verkehrsthemen

Sicherheitstechnische Neuerungen

Mit ABS richtig bremsen

Nasse Fahrbahn – Vollbremsung lebensgefährlich! Es sei denn, das Fahrzeug ist mit dem vollelektronischen Antiblockiersystem ABS ausgestattet. Wenn nicht, rutscht das Auto auch bei eingeschlagener Lenkung geradeaus weiter, weil die Räder blockieren und das Fahrzeug den Lenkbewegungen nicht mehr gehorchen kann. Ausweichen vor einem Hindernis oder Kurvenfahren ist dann unmöglich.

Besser ergeht es Fahrer und Fahrzeug mit ABS. Kritische Situation? Voll bremsen – lenken – Gefahr vorüber! Genauso wird auch in Kurven gebremst: Voll aufs Bremspedal und lenken!

Nicht zögern – voll aufs Bremspedal! Wichtig zu wissen: ABS bringt Sicherheit, aber keinen kürzeren Bremsweg.

Bei Gefahr soll der Fahrer nicht zögern, sondern schlagartig bremsen und gleichzeitig die Kupplung treten. Er bemerkt nicht nur eine leichte Pedalrückwirkung, sondern auch ein typisches Geräusch: Diese normale Reaktion dient als Information für den Fahrer.

Allerdings sollte der Neuling zunächst einmal auf Freiflächen oder leeren Parkplätzen den Gebrauch von ABS üben, damit er das richtige Gefühl für den Zeitpunkt bekommt, wann

Tips vom 7. Sinn

Tip 1: Bei Neuanschaffung eines Autos ABS mitkaufen

Tip 2: Sich vor der ersten Fahrt mit dem technischen Ablauf von ABS vertraut machen

Tip 3: Im Schonraum den Gebrauch des ABS-Systems trainieren, bevor im Ernstfall Ängste bei der Vollbremsung aufkommen

Verkehrsthemen

Das Versuchsauto bleibt trotz Vollbremsung in der Spur. Auch bei elektronischer ABS-Ausstattung müssen die Reifen in Ordnung sein.

Der Versuch zeigt, wie die "Knalltüte" wirkt.

das ABS einsetzt. Dem Trugschluß, ABS verkürze den Bremsweg, wird er sich dann nicht hingeben. Der Bremsweg bleibt derselbe, nur die Wirkung verändert sich, das Auto läßt sich aber weiterhin lenken. Der Fahrer darf getrost einen Bogen um die Gefahrenstelle schlagen.

Airbag

Kein Wunder, sondern ausgeklügelte Sicherheitstechnik: Der Airbag wird seit über 25 Jahren erfolgreich angewandt, ohne daß er sich grundsätzlich als serienmäßige Ausstattung hätte durchsetzen können. Weil er den Sicherheitsgurt nicht ersetzt, sondern "nur" wirkungsvoll ergänzt. Es gibt jedoch Unfälle, bei denen gerade der Airbag das Leben rettet.

Der Luftsack – so kann man ihn auf deutsch nennen – reagiert auf ein Auslösegerät mit Sensor. Dieses "Herzstück" ist beispielsweise im Getriebetunnel des Fahrzeugs untergebracht. Der Airbag selbst ist dagegen im Lenkrad verpackt. Bei einem Aufprall, so ab etwa Tempo 20, bekommt der Sack Kontakt. Er füllt sich in Blitzgeschwindigkeit prall mit

Als Überlebensversicherung – mit dem Sicherheitsgurt – gehört der Airbag immer häufiger zur Standardausrüstung von Pkw.

Luft und verhindert, daß der Autofahrer nach vorn gegen das Steuerrad geschleudert wird und sich verletzt. 26 Tausendstel Sekunden dauert der Vorgang – danach entweicht der Druck sofort wieder. Oft steigt der Verunglückte ohne jeden Kratzer aus dem Unfallwagen.

Die "Knalltüte" ist natürlich im Augenblick ihrer "Explosion" nicht leise. Aber man kann sich auf sie verlassen: Beim Durchfahren von Schlaglöchern, beim Rumpeln über hohe Bordsteinkanten oder beim holprigen Überfahren von Bodenwellen schlummert der Luftsack weiter vor sich hin. Er wird erst im Moment der Gefahr aktiv.

Die Frage, ob der Airbag ein ganzes Autoleben unbeschadet übersteht, hat ein Fahrzeughersteller mit einem 12 Jahre alten Luftsackveteranen auf dem Prüfstand getestet. Die Elektronik war nach all den Jahren noch absolut zuverlässig.
Allmählich erhalten immer mehr Pkw-Modelle serienmäßig einen Airbag, sogar zusätzlich für den Beifahrersitz, oder er kann als Sonderausstattung bestellt werden.

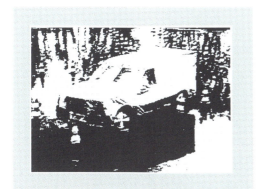

Tips vom 7. Sinn

Tip 1: Beim Autokauf eines mit Airbag wählen

Tip 2: Mit Informationen über die Wirkungsweise des Airbag vertraut machen

TIP 3: Auch bei vorhandenem Airbag immer den Sicherheitsgurt anlegen

Tip 4: Bei Airbag auf dem Beifahrerplatz dürfen Kinder nicht vorn sitzen

ASR

Sicheres Fahrverhalten des Autos ist nur möglich, wenn die Reifen auf jedem Untergrund gut haften. Auf trockener Straße ist alles o.k. – aber bei Nässe? Dann drehen die Räder leicht durch, sobald der Fahrer zuviel Gas gibt.
In einer Kurve reicht dieser kleine Fahrfehler schon aus, um mit dem Fahrzeug ins Schleudern zu geraten. Ein "Dreher" ist oft unver-

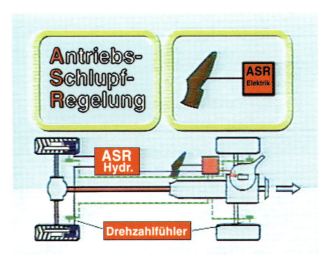

Nasse, schneeglatte oder sandige Fahrbahn spielen keine Rolle. Elektronische Antriebs-Schlupf-Regelung dosiert die Kraft und verhindert das Durchdrehen der Räder.

meidlich und kann unerfreuliche Folgen haben, z. B. bei Gegenverkehr.
Die Gefahr läßt sich abwenden: durch die Antriebs-Schlupf-Regelung ASR. Sie funktioniert elektronisch, indem sie die Antriebskraft des Motors schneller und genauer als der menschliche Fuß dosiert. Das Fahrzeug bleibt exakt in der Spur!

Da spielt es keine Rolle, ob in der Kurve Sand auf der Fahrbahn liegt – ASR gewährleistet die Stabilität des Fahrzeugs, wo es normalerweise ausbrechen müßte.
Das macht sich auch im winterlichen Straßenverkehr bemerkbar. Wenn auf der schneebedeckten Fahrbahn die Räder durchdrehen, verändert sich bekanntlich das Fahrverhalten des Wagens, er ist nicht mehr sicher zu beherrschen. Ganz anders bei eingebauter ASR. Ihre Drehzahlfühler messen blitzschnell den Schlupf an den Rädern, und die Elektronik steuert dem Durchdrehen entgegen. Das hilft auch, wenn nur ein Rad durchdreht, während das andere auf griffigem Asphalt stillsteht. ASR gibt immer nur soviel Kraft an die Räder ab, wie in diesem Moment nötig ist, um voranzukommen.

Damit ist eine sinnvolle Ergänzung zum Anti-Blockier-System vorhanden. Wie andere aufwendige Neuentwicklungen wird sie nicht für alle Autotypen angeboten und kann noch nicht zur Nachrüstung eingesetzt werden.

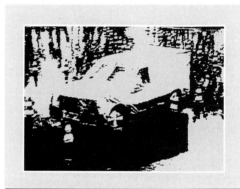

Tips vom 7. Sinn

Tip 1: Bei Neuanschaffung eines Autos, vor allem als Vielfahrer, Wagen mit ASR bestellen

Tip 2: Vor der ersten Fahrt mit dem System vertraut machen

Sicherheit rund um das Auto

Reifenschäden

Auf Fahrzeugreifen ist Verlaß – meinen viele Autofahrer. Diese Gleichgültigkeit kann sich mit schlimmen Folgen rächen: Defekte und Mängel enden nach einem Reifenplatzer unweigerlich mit einem Unfall, weil sich das Fahrzeug nicht mehr sicher beherrschen läßt – es landet im günstigsten Fall auf einer Wiese oder im Feld, vielleicht aber auch an einem Baum.

Obwohl jeder Führerscheinanwärter über die schlimmen Folgen abgefahrener Reifen aufgeklärt wird, sparen Autofahrer gern am falschen Ende und wechseln nicht aus: bei Reifenkontrollen die häufigste Beanstandung. Andere im Einsatz befindliche Reifen sind einseitig abgefahren, sie weisen beschädigte Flanken auf, auch die Lauffläche kann sich ablösen.

Wer seine eigene Gesundheit und die der anderen Verkehrsteilnehmer nicht gefährden will, rangiert Reifen aus, sobald nur noch drei Millimeter Profiltiefe gemessen wird – auch wenn der Gesetzgeber großzügiger ist. Prüfgeräte sind an jeder Tankstelle zu haben oder als Autozubehör erhältlich.

Ihre Funktion erfüllt aber schon ein simples Zehnpfennigstück: Wer es hochkant in die Profilrille schiebt und die Jahreszahl nicht erkennt, darf beruhigt sein. Steckt man ein Streichholz mit dem Zündkopf hinein und die farbige Spitze ist noch zu sehen: zu wenig Profil!
Beim Einparken mit den Reifen an den Bordsteinkanten entlangzuscheuern, muß Anlaß zu höchster Aufmerksamkeit sein. Selbst wenn nichts zu erkennen ist, haben die Reifenflanken einen Schaden abbekommen. Oft aber ist nach einem solchen Malheur eine deutliche Beule am Felgenhorn Beweis genug, daß die Karkasse gequetscht wurde.

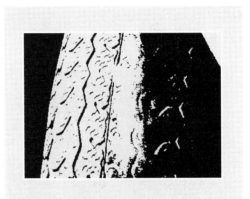

Tips vom 7. Sinn

Tip 1: Regelmäßig Reifen-Luftdruck kontrollieren

Tip 2: Die Profiltiefe prüfen – nie weniger als drei Millimeter Groschenrand zulassen

Tip 3: Bordsteinkanten nur langsam überfahren

Tip 4: Nie mit Reifen an Bordsteinkanten entlangscheuern

Tip 5: Alte, spröde Reifen austauschen

Verkehrsthemen

Extrem ...

...oder einseitig abgefahrene Lauffläche bedeutet höchstes Unfallrisiko!

Ihrer Sicherheit zuliebe nicht weniger als 3mm Profil

Deshalb sollte jeder Autofahrer im eigenen Interessse schneller handeln, als der Gesetzgeber es verlangt.

Wer seinen Reifen so mißhandelt, muß auch mit Beschädigung der Felgen rechnen.

Wenn Sommer- und Winterreifen Pause machen, sollten sie gerade stehen oder liegen.

Verkehrsthemen

Erst recht ruiniert Reifen und Felgen, wer zu schnell eine hohe Bordsteinkante überfährt. Schon nach kurzer Zeit kann eine Reifenpanne auftreten. Die Macke in der Felge verkürzt drastisch die Lebensdauer des angeschlagenen Reifens.

Alte Reifen, etwa ab sechs Jahren, zeigen zumeist feine Risse, ein Hinweis, daß das Material spröde und brüchig ist. Auch ein Grund, lieber neue anzuschaffen. Wieviel Jahre die Reifen auf dem Buckel haben, darüber gibt die DOT-Kennzeichnung am Reifenwulst Auskunft: Die ersten beiden Ziffern stehen für die Produktionswoche, die letzte fürs Herstellungsjahr. Auch beim Neukauf guckt man am besten mal hin!

Wie verhält man sich, wenn ein Reifen während der Fahrt platzt? Meistens verreißt der Fahrer vor Schreck das Lenkrad. Dann kriegt er – oder sie – das Auto nicht mehr unter Kontrolle. Statt dessen soll man das Steuer festhalten, vorsichtig gegenlenken und ganz behutsam bremsen.

Besser: An allen vier Rädern regelmäßig den Luftdruck kontrollieren und beim Fahren willkürliche Reifenbeschädigungen vermeiden. Dann erspart man sich böse Überraschungen.

Stoßdämpfer

Sie sind unsichtbar, aber von elementarer Bedeutung für die Sicherheit: die Stoßdämpfer am Fahrzeug. Zusammen mit der Federung garantieren sie das einwandfreie Fahrverhalten des Autos. Auch bei schnellen Überlandfahrten braucht sich der Fahrer nicht um die Spurtreue zu sorgen, wenn die Stoßdämpfer in Ordnung sind, denn sie drücken die Reifen fest auf die Fahrbahn. Aber etwa jedes dritte Auto ist mit defekten Stoßdämpfern unterwegs!

Vergleichsfahrten beweisen: Mit verschlissenen Stoßdämpfern hebt ein Fahrzeug ab, wenn sich vor einer Bodenwelle eine Querrinne befindet! Beim Kurvenfahren ist es kaum

Zusammen mit der Federung sorgen Stoßdämpfer für sicheres Fahrverhalten des Autos.

zu beherrschen, während ein Wagen mit fehlerlosen Dämpfern sicher in der Spur bleibt. Vor allem bei welligen Straßenrändern findet das Mängelfahrzeug in der Kurve keinen Halt. Ausweichen wird zum Risiko. Auch wenn nur ein Stoßdämpfer nicht in Ordnung ist, verlängert sich der Bremsweg.

Stoßdämpfer müssen deshalb regelmäßig in der Werkstatt überprüft werden.

Besonders gefährlich wird das Fahren mit schlechten Dämpfern auf nassen Straßen. Aquaplaning, das Aufschwimmen, setzt früher ein – ein Grund mehr, warum Stoßdämpfer in tadellosem Zustand sein müssen.

Nicht genug damit: Defekte Stoßdämpfer geben die Unebenheiten der Straße unmittelbar ans Lenkrad weiter; es beginnt zu flattern, das Fahrverhalten wird stark beeinträchtigt. Auch unruhiger Geradeauslauf des Fahrzeugs ist oft ein Indiz für veraltete Stoßdämpfer. Bei Dunkelheit leuchten die Scheinwerfer wegen des ungenauen Fahrverhaltens die Straße nicht richtig aus, blenden statt dessen den Gegenverkehr.

Wenn sich, z. B. an Bahnübergängen, das Fahrzeug aufschaukelt, müssen die Stoßdämpfer in der Fachwerkstatt überprüft werden. Die Probe vorm Garagentor, mit Druck auf die Kofferraumhaube, reicht nicht aus. Der Werkstattmechaniker stellt fest, ob etwa die Stoßdämpfer bereits ölverschmiert sind und dann unbedingt ausgetauscht werden müssen.

Die eigene Sicherheit sollte es wert sein, alle 20 000 Kilometer den Kontrollblick auf die Stoßdämpfer in Auftrag zu geben.

Scheiben

Steinschlag! Die Windschutzscheibe ist hin und muß erneuert werden – kein Zweifel. Daß aber oft auch bei normalen Verschleißerscheinungen eine andere Scheibe fällig ist, ignorieren Autofahrer gern. Dabei kann eine abgenutzte Scheibe die Sicherheit gefährden.

Durch Streulicht zum Beispiel, das bei Fahrten im Dunklen besonders unangenehm wirkt. Bei starker Sonneneinstrahlung verstärkt eine verkratzte Scheibe die Blendung. Die winzigen Macken im Glas entstehen durch ständig hochgeschleuderte Sandkörnchen, Straßenbelagteilchen und Schmutzpartikel. Rollsplit und Streusand attackieren besonders aggressiv die Oberfläche der Scheibe, und selbst Insekten werden bei hoher Geschwindigkeit zu scharfkantigen Geschossen.

Auch alte, spröde Wischblätter schaden der Windschutzscheibe und verursachen durch Kratzer Streulicht. Eine oft beobachtete Todsünde ist es, vereiste Scheiben mit den Wischblättern zu bearbeiten. Selbst auf trokkenen Scheiben reiben die Gummiwischer wie Sandpapier. Genau so schlimm sind schlechte Eiskratzer!

Tips vom 7. Sinn

Tip 1: Vor allem bei Bodenwellen und in Kurven auf Fahrzeugverhalten achten

Tip 2: Bei mangelnder Spurtreue Stoßdämpfer in der Werkstatt prüfen lassen, evtl. auswechseln

Tip 3: Alle 20 000 Kilometer Stoßdämpferkontrolle

Verkehrsthemen

Leider erkennt man Beschädigungen zwar am Nummernschild und auf dem Karosserielack, an der Windschutzscheibe bleiben sie dem Auge jedoch meistens verborgen. Verschleißspuren und Streulichtmenge können aber in Autowerkstätten von Spezialgeräten gemessen werden. Wenn diese Überprüfung in der vorgeschriebenen Hauptuntersuchung verlangt würde, müßte jedes zehnte Fahrzeug eine neue Scheibe bekommen! In der Regel ist nämlich nach 80 000 Kilometern oder sieben Jahren jede Windschutzscheibe so ver-

Vereiste Scheiben dürfen niemals mit dem Scheibenwischer bearbeitet werden, denn ausgefranste Gummis erfüllen ihren Zweck nicht mehr.

Tips vom 7. Sinn

Tip 1: Regelmäßig die Scheibe von außen und innen mit reichlich Wasser und einem sauberen Schwamm reinigen

Tip 2: Scheibenwischer nur auf nasser Scheibe einschalten

Tip 3: Nur einwandfreie Eiskratzer benutzen

Tip 4: Mindestens nach sieben Jahren oder 80 000 Fahrkilometern die Windschutzscheibe erneuern

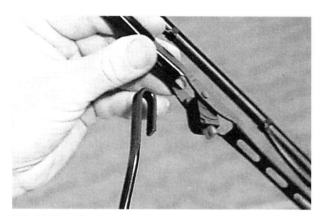

Wischblätter kann man selbst problemlos auswechseln.

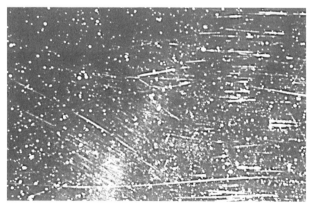

Die Windschutzscheibe ist nach 80 000 Kilometern Auto-Fahrleistung in der Regel so sehr beschädigt, daß der Fahrer vom Licht entgegenkommender Fahrzeuge stark geblendet wird. Eine neue Scheibe muß her.

schlissen, daß sie ausgetauscht werden müßte, auch wenn sie immer sorgfältig gepflegt worden ist.

Gefährliche Fahrzeugveränderungen

Mordsgefährlich, was junge Leute gern mit ihrem Auto anstellen, damit es schöner, sportlicher, PS-stärker erscheint! Weil es unter seinesgleichen auffallen soll, wird manipuliert und verbessert und geschönt – in Eigenarbeit natürlich, es soll ja nicht zu teuer werden.

Kein Problem, wenn es sich nur um äußerliche Bagatellen handelt (die jedoch auch TÜV-genehmigungspflichtig sein können!). Bei Veränderungen an der technischen Ausstattung hört der Spaß auf, denn das Fahrverhalten des Autos wird oft derart verändert, daß die Sicherheit auf der Strecke bleibt.

Besonders beliebt ist zum Beispiel das Tieferlegen des Fahrzeugs. Sportlich soll es aussehen, deshalb werden die Federn verkürzt. Aber Achtung! Es gibt Vorschriften für das Umfunktionieren technischer Bauteile. Wer sie nicht kennt oder gar mißachtet, bringt nicht nur andere in Gefahr, sondern auch sich selbst in Teufels Küche. Nur zu oft produziert der Fahrer mit seinem aufgemotzten Auto einen Crash, weil er sich keine Gedanken über die Fahrzeugphysik gemacht hatte.

Wird bei solch einem Unfall jemand verletzt, droht dem Fahrer eine Strafe wegen Körperverletzung. Außerdem geht es ihm an den Geldbeutel, denn auch die Versicherung holt sich ihre Aufwendungen bis zu einem Betrag von 5000 DM zurück. Der sportliche Autofahrer muß froh sein, wenn es nicht schlimmer kommt!

Glücklicherweise passiert nicht immer gleich ein Unfall. Verkehrskontrollen reichen manchmal, um unerlaubte Manipulationen festzustellen und weitere Verkehrsgefährdung zu unterbinden: Das bedeutet dann die sofortige Stillegung des Autos.

Auch der TÜV hält natürlich die Augen offen. Alle nachträglich eingebauten Teile brauchen den Genehmigungsvermerk des Kraftfahrbundesamtes und eine "Allgemeine Betriebserlaubnis". Die muß immer mitgeführt werden.

Tips vom 7. Sinn

Tip 1: Erst Informationen sammeln, bevor mit technischen Fahrzeugveränderungen begonnen wird

Tip 2: Nur neue Teile auswählen, die vom Kraftfahrzeugbundesamt genehmigt worden sind und die "Allgemeine Betriebserlaubnis" besitzen

Tip 3: Alle Papiere bei jeder Fahrt mitführen

Tip 4: Lieber zum Tuner-Profi gehen als selber basteln

Verkehrsthemen

Veränderungen wie das Tieferlegen können die Fahrsicherheit beeinträchtigen.

Wer technische Bauteile manipuliert oder nachträglich einbaut, braucht meistens eine Genehmigung des TÜV und eine "Allgemeine Betriebserlaubnis", die immer mitgeführt werden muß.

Unfälle, aber auch Kontrollen, bringen es an den Tag, wenn die Vorschriften mißachtet wurden.

Bei schweren Verstößen wird das Auto stillgelegt.

Verkehrsthemen

Wenn schon Tuning – dann bitte Fachwerkstatt! Im Endeffekt kann das viel billiger werden als die eigene Bastelei mit unzureichendem Sachverstand und ungenügenden Informationen über die Gesetze und Verordnungen.

Nebelscheinwerfer

Das Allerwichtigste bei Nebelfahrten ist die intakte Beleuchtungsanlage. Denn trotz aller Warnungen wird zu schnell und mit zu wenig Abstand gefahren.

Einäugige Autos sind besonders gefährlich;

Erst bei einer Sichtweite von unter 50 Metern darf die Nebelschlußleuchte eingeschaltet werden ...

sie können leichter übersehen oder verwechselt werden. Wer vom Lenkrad aus die Nebelschwaden mit Fernlicht durchlässiger machen will, handelt unklug: Die stark gebündelte Lichtmenge sorgt für vollständige Eigenblendung.

Nebelscheinwerfer dagegen unterwandern mit ihrem breiten Lichtband den Nebel und verbessern die Sicht erheblich. Die Zusatzleuchten zu montieren, sollten Laien aber lieber dem Fachmann überlassen; der elektrische Anschluß ist nicht einfach, und die Kombination mit der normalen Beleuchtungsanlage muß stimmen.

Befinden sich die Nebelscheinwerfer jeweils mehr als 40 Zentimeter von der Fahrzeugseite entfernt, dürfen sie nur mit dem Abblendlicht gekoppelt sein. Bei weniger als 40 Zentimetern darf entweder Abblendlicht oder Standlicht gewählt werden.

Selbst mit Standlicht bringen Nebelscheinwerfer die bessere Lichtausbeute. Das hängt mit der Montage – weit außen, möglichst tief am Fahrzeug – zusammen. Natürlich müssen die Zusatzstrahler, wie normale Scheinwerfer, auch richtig eingestellt sein.

Tips vom 7. Sinn

Tip 1: Nebelscheinwerfer vom Fachmann nachrüsten lassen

Tip 2: Nebelscheinwerfer vorn nur bei sehr schlechter Sicht einschalten: Nebel, Schnee, Regen

Tip 3: Nebelschlußleuchte hinten nur bei Sichtweite unter 50 Meter einschalten

Verkehrsthemen

... weil die starke Leuchtwirkung den nachfolgenden Fahrer gefährlich blendet.

Unverständlich, warum so viele Autofahrer bei Dämmerlicht oder schlechten Sichtverhältnissen das Licht viel zu spät einschalten ...

Sie dürfen nur zugeschaltet werden, wenn die Sicht durch Nebel, Schnee und Regen erheblich eingeschränkt ist.
Ganz anders die Nebelschlußleuchte hinten! Erst wenn die Sichtweite weniger als 50 Meter beträgt, darf sie strahlen, und zwar nur bei Nebel! Weil sie bis zu 40mal stärker leuchtet als ein gewöhnliches Rücklicht und bei normaler Sicht andere Autofahrer gefährlich blendet. Diese Vorschrift wird leider sehr häufig mißachtet.
Für neuere Fahrzeuge ist die Nebelschlußleuchte vorgeschrieben. Alte Autos sollten nachrüsten.

... und riskieren, nicht rechtzeitig gesehen zu werden.

Beleuchtung

Nur Motorradfahrer müssen hierzulande auch tagsüber mit eingeschaltetem Abblendlicht fahren, egal wie die Wetterverhältnisse sind. Mit Fahrlicht sind die Zweiräder früher und besser zu erkennen. Ein Motorrad mit Licht fällt auch im Rückspiegel vorausfahrender Fahrzeuge auf.

Viele Autofahrer schalten dagegen das Licht oft viel zu spät ein. Sie bedenken nicht, daß sie von anderen Fahrern bei schlechten Sichtverhältnissen oder in der Dämmerung kaum wahrgenommen werden, vor allem, wenn ihr Wagen dunkel lackiert ist. Damit gehen sie das Risiko ein, beim Überholen übersehen oder Opfer eines Auffahrunfalls zu werden.
Besonders unfallträchtig sind extreme Lichtwechsel von einer sonnigen Freifläche ins

Verkehrsthemen

"dunkle Loch". Der Fahrer erkennt nichts mehr, und ohne Fahrlicht wird auch er schlecht erkannt. Solche Situationen lassen sich mit eingeschaltetem Fahrlicht vermeiden. Auch bei der Einfahrt in Tunnel und Unterführungen soll deshalb immer das Licht eingeschaltet werden. Radfahrer und Fußgänger haben es ebenfalls leichter, wenn Fahrzeuge mit Licht fahren und so früher bemerkt werden können.

In Skandinavien ist Fahrlicht auch tagsüber vorgeschrieben. Bei uns ist es nicht verboten.

Verboten: Scheinwerfer schwarz zu lackieren, weil 70 Prozent der Leuchtkraft verlorengehen. Wer färbt, muß zum TÜV!

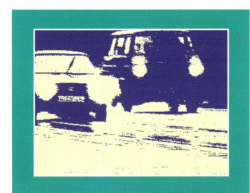

Tips vom 7. Sinn

Tip 1: Bei schlechten Sichtverhältnissen sofort Fahrlicht einschalten

Tip 2: In Tunnel und Unterführung mit Licht fahren

Tip 3: Rückleuchten nicht selbst einfärben, sondern nur die vom Handel angebotenen Produkte benutzen

Tip 4: Als Fußgänger reflektierendes Leuchtzubehör an der Kleidung befestigen

Vom Autohersteller gelieferte eingefärbte Leuchten sind dagegen zugelassen.

Leider ist die falsche Meinung weit verbreitet, die Batterie leide durch den Gebrauch der Scheinwerfer. Keine Sorge: Die modernen Drehstrom-Lichtmaschinen geben auch im Standgas genügend Strom für das Fahrlicht ab, so daß dieser Sicherheitsfaktor nicht aus technischen Gründen vernachlässigt werden muß. Leichter als durch Einschalten der Beleuchtung lassen sich Unfälle nicht verhin-

Verkehrsthemen

Fußgänger sollten sich mit reflektierendem Zubehör schützen. Schon helle Kleidung verringert das Risiko, nicht gesehen zu werden. Zur Not reicht es sogar, eine Zeitung in der Hand zu schwenken.

Motorräder müssen aus gutem Grund auch bei Tage mit Beleuchtung fahren.

dern. Um so unverständlicher erscheint der modische Schnickschnack, Rückleuchten mit Lack einzufärben und ihnen damit 70 Prozent ihrer Leuchtstärke zu rauben! Das ist gefährlich und verboten. Wer sich davon nicht abbringen läßt, muß sein verändertes Auto dem TÜV vorführen (und dafür eine beachtliche Summe hinblättern).

Eingefärbte Rückleuchten werden auch serienmäßig angeboten. Im Gegensatz zur Eigenlackierung sorgt hier jedoch das aufwendige Innenleben für den notwendigen Lichtausgleich, die Lichtintensität unterscheidet sich nicht von der Normalleuchte.

Auch die Fahrzeugscheinwerfer werden ständig weiterentwickelt und erleichtern dem Autofahrer die Sicht bei nächtlichen Fahrten. Dennoch sind dunkel gekleidete Fußgänger auf unbeleuchteten Straßen in ständiger Gefahr. Helle Kleidung, die von den Scheinwerfern reflektiert wird, eine in der Hand geschwenkte Zeitung oder reflektierende Aufkleber – die "Beleuchtung" der Fußgänger – vermindern ihr Unfallrisiko.

Fahrverhalten

Autobahn: Ein- und Ausfahrten

Autobahnen sind die sichersten Straßen, obwohl hier mit hoher Geschwindigkeit gefahren wird. Aber auf Ein- und Ausfahrten führt zu schnelles Fahren immer wieder zu schweren Unfällen, weil die Fahrzeuglenker das Tempo falsch einschätzen.

Besonders vor Ausfahrten wird oft viel zu spät abgebremst. Schon auf der Verzögerungsspur muß soviel Geschwindigkeit weggenommen werden, daß man mit 40 bis 60 km/h in der Ausfahrt, auch bei Kurven, keine Probleme bekommt. Mehr ist in alten Ausfahrten gar nicht möglich, wenn es nicht krachen soll.

Richtiges Einfädeln in den fließenden Autobahnverkehr macht vielen Fahrern, vor allem Anfängern, zu schaffen. Sie trauen sich nicht, von der Einfädelspur aus eine genügend große Lücke zu nutzen und sich so zügig einzuordnen. Statt dessen werden sie auf der Einfädelspur immer langsamer und müssen schließlich sogar anhalten. Aus dem Stand in schnell fahrende Autokolonnen zu gelangen, fällt natürlich doppelt schwer und ist tatsächlich dann oft riskant.

Richtig verhält sich der Fahrer, der auf der Einfädelspur im Spiegel den Fahrzeugstrom auf der Autobahn beobachtet – auch auf der Überholspur! Läßt sich die Entfernung zum sich nähernden Verkehr nur schlecht schätzen, blickt man über die Schulter nach hinten. Parallel zur erspähten Lücke wird beschleunigt, so daß man sich ohne Gefahr einfädeln kann. Stauen sich auf der Einfädelspur die

Tips vom 7. Sinn

Tip 1: Nur mit gedrosseltem Tempo in eine Autobahnausfahrt fahren und schon auf der Verzögerungsspur bremsen

Tip 2: Bei der Auffahrt auf der Einfädelungsspur beschleunigen, um zügig in eine Lücke hineinfahren zu können. Über die Schulter zurückschauen, um die Geschwindigkeit des fließenden Verkehrs richtig einzuschätzen

Tip 3: Nach einer Panne auf dem Seitenstreifen beschleunigen, ehe man sich wieder in den Verkehr einreiht

Tip 4: Auf gar keinen Fall nach einem Irrtum halten und rückwärts auf eine Fahrbahn rollen – weder auf die Autobahnspur noch auf eine Ausfahrt

Verkehrsthemen

Schon auf der Verzögerungsspur bremst man herunter, um ohne Gefahr die Ausfahrtkurve passieren zu können ...

... damit es nicht zu einem solchen Unfall kommt.

So drängt man sich auch nicht in den fließenden Verkehr zurück, wenn man auf einem Seitenstreifen halten mußte.

Abschreckendes Beispiel: Wer die Autobahn verlassen will, darf nicht bis zum letzten Moment auf der Überholspur bleiben. So riskante Situationen lassen sich wirklich vermeiden!

Einfädeln ist am Ende der Beschleunigungsspur am einfachsten, wenn der Blick in den Rückspiegel und über die Schulter die notwendige Lücke im fließenden Verkehr ausgemacht hat.

Eine verpaßte Ausfahrt im Autobahnkreuz ist kein Grund zu panischen Reaktionen: Nächste Ausfahrt nehmen, dreimal rechtsherum durchs Kleeblatt fahren: Alles in Butter!

Verkehrsthemen

Autos, läßt sich am besten am Ende der Spur im spitzen Winkel in eine Lücke hineinfahren. Auf dem rechten Fahrstreifen bleiben! Auf die Überholspur wechselt man später, wenn damit kein Risiko verbunden ist.

Hatte ein Auto eine Panne und ist auf dem Seitenstreifen wieder flottgemacht worden, muß der Fahrer erst recht vorsichtig agieren und den Verkehr besonders aufmerksam beobachten, ehe er sich wieder einreiht.
Auf keinen Fall darf er, ohne vorher auf dem Seitenstreifen beschleunigt zu haben, rücksichtslos auf die Fahrspur wechseln.

Eine Unsitte greift immer mehr um sich: Ohne Bedenken biegen Autofahrer von der Überholspur aus in eine Ausfahrt ein – Temporeduzierung ist kaum möglich; die Folge: Auffahrunfall. Das gleiche kann passieren, wenn jemand die Ausfahrt, z. B. in einem Autobahnkreuz, verpaßt hat und dann durch Rückwärtsfahren den Fehler auszubügeln versucht. Das ist absolut verboten und kann den Führerschein kosten. Trotzdem wird in solchen Situationen immer wieder alle Vorsicht beiseitegefegt, um einen relativ kurzen Umweg zu sparen.

Dabei ist es so einfach, den Irrtum wettzumachen: Statt der verpaßten Ausfahrt nimmt man die nächste, fährt dreimal rechtsherum durch das Kleeblatt und befindet sich schon wieder auf dem richtigen Kurs.

Falschfahrer

Ein Alptraum auf der Autobahn: Falschfahrer! Ein Wagen auf der eigenen Spur im Gegenverkehr – da bleibt vor Schreck fast das Herz stehen, auch dem Falschfahrer selbst.

Nur mit besonnenem Reagieren läßt sich ein Unglück vermeiden. Erstes Gebot: Sofort mit der Geschwindigkeit herunter, selbst wenn

Tips vom 7. Sinn

Tip 1: Vor jeder Autobahnauffahrt auf die rot-weißen Sperrschilder achten und nur den blau-weißen Pfeilen folgen

Tip 2: Vor jeder Wiederauffahrt – z.B. an Raststätten – die Richtung feststellen

Tip 3: Bei einem Irrtum gilt für den Falschfahrer: Rechts ran an die Mittelplanke, Fahrlicht und Warnblinkanlage einschalten

Tip 4: Kommt ein Falschfahrer entgegen oder eine Warnung über den Rundfunk, fahren alle Autos rechts. Langsames Tempo verringert die Gefahr, Lichtzeichen warnen den Falschfahrer

Tip 5: Polizei alarmieren, damit der Falschfahrer zur nächsten Ausfahrt geleitet werden kann

Verkehrsthemen

So kann es kommen, wenn es beim Auffahren auf die Autobahn an der nötigen Aufmerksamkeit fehlt.

Alptraum mit Adrenalinstoß: Falschfahrer in Sicht!

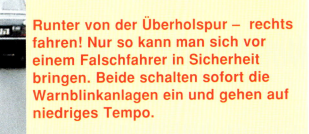

Runter von der Überholspur – rechts fahren! Nur so kann man sich vor einem Falschfahrer in Sicherheit bringen. Beide schalten sofort die Warnblinkanlagen ein und gehen auf niedriges Tempo.

Der Falschfahrer steuert das Auto dicht an die Leitplanke und wartet hier auf polizeiliche Hilfe.

man nur eine Warnmeldung gehört und den Falschfahrer noch nicht im Blickfeld hat. Auf keinen Fall überholen, sondern rechts ranfahren und den Falschfahrer mit Lichtzeichen auf seinen Irrtum aufmerksam machen. Der muß ebenfalls reagieren.

Mit Fahrlicht und Warnblinkanlage steuert er seinen Wagen langsam so dicht wie möglich an die Mittelplanke, um niemanden zu gefährden. Inzwischen alarmieren andere Verkehrsteilnehmer die Polizei, die den Falschfahrer zur nächsten Ausfahrt geleitet.

Warum kommt es immer wieder zu solchen Irrtümern? Jeder dritte Falschfahrer gerät beim Auffahren durch versehentliches Linksabbiegen in die Gegenrichtung. Die meisten, vom Volksmund "Geisterfahrer" genannten Fahrzeuglenker verirren sich jedoch in einem Autobahnkreuz und biegen in spitzem Winkel direkt in den Gegenverkehr hinein; so glauben sie die gewünschte Richtung zu nehmen – aber Richtungsänderungen im Autobahnkreuz sind nur in weiten Bögen möglich.

Andere Falschfahrer vertun sich nach dem Besuch einer Raststätte, wenn sie quer zur Fahrtrichtung geparkt haben. Oft fehlt ein Hinweis auf die Auffahrt, schon passiert's: zurücksetzen, losfahren in die falsche Richtung. Womöglich sind auch noch die Sperrschilder zugewachsen, so daß der Irrtum erst auf der Autobahn auffällt. Der Alptraum beginnt.

Baustellen

Stau und Streß, Lärm und Zeitverlust lassen sich im Umfeld von Baustellen nicht vermeiden. Von den dort Beschäftigten und von allen Verkehrsteilnehmern muß ganz besondere Aufmerksamkeit und gegenseitige Rücksicht verlangt werden, damit es nicht ständig zu Unfällen kommt.

Äußerste Vorsicht ist beim Passieren von Baustellen oberstes Gebot.

Weil die meisten Autofahrer nur geringe Abstände einhalten, ist die Gefahr von Auffahrunfällen besonders groß. Bei nur einer freien Fahrspur und schlechter Überschaubarkeit regeln meistens provisorische Ampeln den Verkehr. Das ist kein Freibrief, um die Gefahrenstelle nicht ernst zu nehmen! Sonst handelt man sich bei einem Unfall Mitschuld ein, und auch bei Grün können unerwartete Hindernisse auf der Baustelle auftreten.

Außer engen und unangenehmen Fahrspuren können auch Baumaschinen den Verkehr behindern.

Verkehrsthemen

Anweisungen müssen unbedingt befolgt werden!

Fernstraßen-Baustellen sind unfallträchtig. Geschwindigkeitsbegrenzungen einhalten!

Tips vom 7. Sinn

Tip 1: In Baustellenbereichen immer langsam und besonders aufmerksam fahren

Tip 2: Auf Verkehrsschilder und Fahrbahnmarkierungen achten

Tip 3: Strikt an neue Verkehrsführung und Ampelregelungen halten

Oft sind zusätzliche Schilder aufgestellt, die Vorrang gewähren oder versagen. An anderen Engstellen regeln Warnposten den Verkehr. Damit ein reibungsloser Durchfluß möglich ist, müssen alle Anweisungen befolgt werden.

Manche Baustellen sind nicht eindeutig von der Fahrbahn getrennt. Kunststoffschwellen können die Sicherheit für die Bauarbeiter und die Verkehrsteilnehmer erhöhen. Immer gehen gelbe Straßenmarkierungen den normalen weißen vor.

Auch provisorisch aufgestellte Verkehrsschilder sind verbindlich! Nur mit ihrer Hilfe läßt sich in vielen Fällen der reibungslose – wenn auch langsam fließende – Verkehr aufrechterhalten.

Wegen einer Baustelle muß nicht selten die Verkehrsführung anders verlaufen. Abbiegespuren werden gesperrt, Fahrbahnen verlegt. Der Blick auf neue Fahrbahnmarkierungen sollte darum nicht vergessen werden! Ebensowenig wie die Verkehrsvorschrift, daß bei

Verkehrsthemen

Sperrung einer Fahrspur im Einmündungsbereich das Reißverschlußprinzip angewendet werden muß.

Ausweichen statt aufprallen

Unklare Situation auf der Autobahn – ein Lkw-Fahrer tritt plötzlich hart auf die Bremse. Der Lastzug dreht sich um die eigene Achse, stellt sich quer und versperrt beide Fahrspuren.

Ab in den Acker! Dieser Unfall verläuft glimpflich im Vergleich zu einem frontalen Aufprall.

Auch wenn sich das Auto mehrfach überschlägt, bleibt die Fahrgastzelle fast immer heil.

Oft wird damit eine Massenkarambolage ausgelöst.
Haben nachfolgende Fahrzeuge überhaupt eine Chance, davonzukommen?
Der verhängnisvolle Aufprall kann vermieden werden, wenn der Sicherheitsabstand stimmt. Faustregel: Halbe km/h-Tachoanzeige gleich notwendiger Abstand in Metern.

Tips vom 7. Sinn

Tip 1: Sekunden entscheiden: Jederzeit einen Fluchtweg im Kopf haben

Tip 2: Ausweichen ist besser als aufprallen – lieber lenken statt bremsen

Tip 3: Durchschlupf von einer Fahrzeugbreite genügt: Lenker gerade, Bremsen los und durch

Tip 4: An der Leitplanke entlangschrammen, um Bremsweg zu verkürzen

Tip 5: Auto mit ABS fahren und Sicherheitsabstand halten

Erkennt der Fahrer den Unfall zu spät, wird der Bremsweg zu kurz. Mit 80 km/h Geschwindigkeit auf einen Lkw zu prallen, bedeutet für die Insassen meistens den Tod.

Deshalb müssen Autofahrer wissen: Alles andere ist besser als die Kollision mit einem schweren Fahrzeug! Kurzformel: Lenken und Ausweichen statt zu spät bremsen! Rechtzeitig vor dem verunglückten Lkw in einen Acker, einen Graben oder eine Böschung hinunterfahren!
Sogar beim Ausgangstempo von 130 km/h kann ein Unfall glimpflich verlaufen, auch wenn der Pkw in hohem Bogen auf einen Akker fliegt.
Eine verrissene Lenkung: der Pkw, der quer gegen die Straßenböschung gerät, überschlägt sich mehrmals. In neun von zehn Fällen kommt der Fahrer fast ohne Blessuren davon, weil er den Sicherheitsgurt angelegt hatte und die Fahrgastzelle heilgeblieben ist!

Acker, Böschung und Graben können also Lebensretter sein, zumal dann, wenn zusätzlich Fahrzeuge von hinten in die Unfallstelle hineinrasen. Auch für sie gilt: Rechtzeitig ins Freie ausweichen!
Was aber tun, wenn Leitplanken den Weg ins Grüne versperren? Die Antwort heißt ebenfalls: Aufprall verhindern! Fahrzeug geradestellen und in ganzer Länge an den Planken entlangschrammen, dadurch früh genug zum Stehen kommen oder die rettende Lücke erreichen.

Parken in der Stadt

Rund zwei Drittel aller in die Innenstädte fahrenden Autos suchen zunächst einen Parkplatz.
Deshalb platzen die Stadtzentren aus allen Nähten: Wohin mit den vielen Fahrzeugen?
Die Jagd nach einem Abstellplatz für das Gefährt ist oft äußerst stressig. Entnervt, aber auch gleichgültig oder gar rücksichtslos, wird dann einfach irgendwo geparkt.
Besonders Dreiste lassen ihren Wagen in der Feuerwehr-Anfahrtzone stehen, blockieren Garagen oder parken auf der Fahrbahn in der zweiten Reihe.
Wer erwischt wird, zahlt fürs Abschleppen, manchmal mehrere hundert Mark.

Kein Plätzchen ist sicher vor Parkplatzsündern.

Das Parkleitsystem, das sich langsam durchzusetzen beginnt, schafft Abhilfe, solange freie Plätze zur Verfügung stehen. Um das Hin- und Herfahren beim Suchen in der City einzudämmen, informieren elektronisch gesteuerte Tafeln am Cityrand, ob und wieviele Parkplätze in welchen Parkhäusern frei sind. Das ermöglicht rechtzeitiges Ausweichen.
Auch in Parkhäusern gelten die Regeln der Straßenverkehrs-Ordnung sowohl für die Fahrtrichtung als auch bei der Vorfahrt: rechts vor links, wenn Schilder fehlen.
Erhöhte Vorsicht verlangen die Auf- und Abfahrten und die Einmündungsbereiche.
Das Ein- und Ausparken erfordert manchmal Zentimeterarbeit, wenn die Stellplätze sehr

Verkehrsthemen

eng angelegt wurden. In vielen Parkhäusern sind inzwischen gut ausgeleuchtete Sonderparkplätze für Frauen vorhanden. Nahe am Ausgang eingerichtet, sollen sie Frauen die Angst vor Belästigungen und Überfällen nehmen.

Autofahrer müssen wissen, daß sich bei der Ausfahrt die Schranke jeweils nur für ein Fahrzeug öffnen kann.

Es trotzdem zu probieren, ist nicht ratsam!

Besonders Dreiste blockieren sogar die Feuerwehr ...

Tips vom 7. Sinn

Tip 1: Genügend Zeit einplanen, wenn die Fahrt unterbrochen werden muß, damit das Fahrzeug ordnungsgemäß abgestellt werden kann – auch andere haben es eilig

Tip 2: Niemals die Zufahrt zu Hilfs- und Versorgungseinrichtungen blockieren, auch nicht "für einen Augenblick". Das ist unverantwortlich und kann teuer werden

Tip 3: Postlern durch vorsichtiges Vorbeifahren das Ein- und Aussteigen aus ihren in zweiter Reihe parkenden Fahrzeugen ermöglichen

... und dürfen sich nicht wundern, wenn ihr Auto abgeschleppt wurde.

Falschparker

Da kommt Freude auf: Auto an Auto quält sich im morgendlichen Berufsverkehr durch die Stadt; Linksabbieger oder querstehender Kreuzungsverkehr stoppen den Fahrzeugfluß – und dann hält ein freundlicher Zeitgenosse sein Auto in der zweiten Fahrspur an und steigt aus! Er will nur eben eine Zeitung, Zigaretten oder die Frühstücksbrötchen einkaufen. Ist die Gegenspur auch dicht, haben viele Fahrer das Nachsehen. Ist eine Überholspur vorhanden, sitzt mindestens der Hintermann in der Klemme.

Verkehrsthemen

Verbotsschilder werden nicht beachtet.

Tips vom 7. Sinn

Tip 1: Möglichst mit öffentlichen Verkehrsmitteln in Innenstädte fahren

Tip 2: Nicht an verbotenen Stellen parken

Tip 3: Parkleitsysteme nutzen (wenn vorhanden)

Tip 4: In Parkhäusern an Verkehrsregeln halten

Dabei sind Halten und Parken in der zweiten Reihe grundsätzlich verboten – und teuer dazu. Wer aussteigt, parkt bereits! Das kostet 40 Mark Verwarnungsgeld und zehn Mark extra, wenn, wie eben geschildert, der Verkehr behindert wird. Bleibt ein Auto mit Fahrer in der zweiten Reihe stehen, sind für den erwischten Parksünder 30 Mark fällig.

Die meisten Falschspurparker sind nach den Beobachtungen der Polizei nach spätestens einer Viertelstunde wieder verschwunden. Wem hilft dieser Trost, wenn er pünktlich einen Termin wahrnehmen oder einen Zug erreichen muß?

Grundsätzlich darf auf der Fahrbahn nicht geparkt werden, wenn Schilder das Parken auf Gehwegen erlauben! Auch hier drohen Verwarnungsgelder – je nach dem Schweregrad der Verkehrsbehinderung zwischen 20 und 75 Mark. Empörte Falschparker sollten sich über unbedachte Folgen klar sein: Was ist, wenn ein Arzt nicht rechtzeitig zu einem Patienten kommen kann, weil sein Auto – oder seine Einfahrt – zugeparkt ist?

Taxifahrer dürfen seit dem 1. März 1994 länger als 3 Minuten in zweiter Reihe halten, um Fahrgäste ein- oder aussteigen zu lassen. Es ist sogar erlaubt, den Kunden beim Gepäcktragen zu helfen! Dagegen wurde für Normalfahrer ein absolutes Halteverbot an Taxiständen eingeführt.

Die Postfahrzeuge haben es besser. Wo sie Post ausliefern müssen, ist ihnen auf allen Straßen das Halten erlaubt, im Gegensatz zu privaten Paketdiensten, denen dieses Sonderrecht nicht zugestanden wird.

Alkohol und Autofahren

Wer Auto fährt, muß sehr vorsichtig mit Alkohol umgehen. Am besten verzichtet ein Autofahrer

Verkehrsthemen

Die Schrecksekunde dauert nach Alkoholgenuß länger, leider oft zu lange.

Die Verfärbung zeigt an: Es war wirklich ein Glas zuviel – mindestens!

Polizeikontrolle! Die "Fahne" macht verdächtig.

grundsätzlich auf jeden Tropfen Alkohol. Zu leicht geht die Kontrolle über die zulässige Menge verloren. Sie liegt in Deutschland bei 0,8 Promille; und das verleitet so manchen Kraftfahrer zu einem weiteren Gläschen.
Dabei kann, wer in einen Unfall verwickelt wird oder nachgewiesenermaßen fahruntüchtig ist, bereits ab 0,3 Promille Alkohol im Blut straf- rechtlich verurteilt werden. Das trifft z. B. oft junge Leute, die nicht viel vertragen. Schon das zweite Glas Bier kann die Wahrnehmungsfähigkeit einschränken.
Der Schwips versetzt zusätzlich in Euphorie und baut Hemmungen ab.
 Am Steuer hat der Alkoholgenuß fatale Auswirkungen: Entfernungen werden falsch ein-

geschätzt, man reagiert langsamer. Schon ab 0,5 Promille sind das Reaktionsvermögen, der Gleichgewichtssinn, die Farbwahrnehmung und die Sehfähigkeit erheblich eingeschränkt. Dunkelheit verstärkt die Schwierigkeiten.
Deshalb drohen bei Promillewerten ab 1,1 Freiheits- oder Geldstrafen und Führerscheinentzug.
Wer spätabends oder nachts so viel Alkohol trinkt, kann auch am nächsten Morgen noch fahruntüchtig sein. Bei morgendlichen Polizeikontrollen gibt es häufig lange Gesichter. Ein gesunder mittelgroßer Mann, der mit 1,4 Promille ins Bett gegangen ist, muß morgens mit 0,8 Promille Restalkohol rechnen!
Das bringt ein hohes Bußgeld und wenigstens einen Monat Fahrverbot ein. Hartnäckig hält sich die Meinung, eine kräftige Mahlzeit oder

Schneller Griff in den Medikamentenschrank heißt in vielen Fällen: Hände weg vom Steuer! Sogar "harmlose" Haus- oder Naturheilmittel beeinträchtigen das Autofahren. Oft sind Unfälle darauf zurückzuführen.

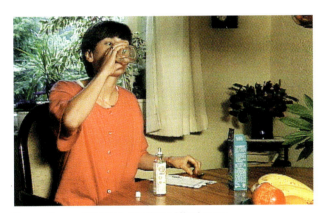

Besonders gefährlich ist diese Mischung: Tabletten und Alkohol.

Tips vom 7. Sinn

Tip 1: Hände weg vom Alkohol, wenn man Auto fahren will!

Tip 2: Hände weg vom Steuer, wenn man Alkohol getrunken hat.

Tip 3: Nach durchzechter Nacht morgens nicht selbst fahren, weil auch Restalkohol den Führerschein kosten kann!

Absolut falsch: Beruhigungspillen gegen Streß am Steuer! Auch sie können fahruntüchtig machen und Autofahrer den Führerschein kosten.

ein starker Kaffee könnten den Alkoholpegel niedrig halten oder seine Wirkung vereiteln: Der Alkohol wird aber nur langsamer vom Blut aufgenommen.

Eine andere Falscheinschätzung: Auch wer angetrunken Fahrrad fährt, kann sich strafbar machen und sogar seinen Führerschein zeitweilig einbüßen!

Medikamente und Autofahren

Millionen von Verkehrsteilnehmern sind darauf angewiesen, regelmäßig oder zeitweise Medikamente einzunehmen. Manche Mittel wirken sich, indem sie den Kreislauf stabilisieren oder die Konzentration fördern, positiv auf die Fahrtüchtigkeit aus. Die Mehrzahl der Pillen, Tropfen, Pulver oder Dragees können jedoch die Fahrsicherheit massiv beeinträchtigen: Unter "Risiken und Nebenwirkungen" fallen auch Straßenverkehrsunfälle, falls man sich unter Medikamenteneinfluß ans Steuer setzt.

Vorsicht ist dringend geboten bei Schmerz- und Schlafmitteln, blutdrucksenkenden, fiebersenkenden und entkrampfenden Arzneien, bei Allergie- und Grippemitteln, Medikamenten gegen Reisekrankheit und vor allem bei Psychopharmaka.

Selbst harmlose Haus- oder Naturheilmittel können es in sich haben: beachtliche Mengen Alkohol nämlich. Wer sucht, findet z. B. ein 79-prozentiges Produkt!

Medikamente machen oft müde, schwindelig und benommen, verursachen Kreislauf- und Sehstörungen und führen ein Nachlassen der Konzentrationsfähigkeit herbei. Manchmal wird die Reaktionsfähigkeit bis zur absoluten Fahruntüchtigkeit lahmgelegt.

Andere Arzneien versetzen Patienten geradezu in Euphorie. Ängste kommen nicht mehr auf, Risiken werden nicht wahrgenommen, die Hemmschwelle für verantwortungsvolles Verhalten bewegt sich gegen Null.

Wieviele Autofahrer in Streßsituationen zur Beruhigungspille greifen, weil sie auf diese Weise ihre Probleme zu lösen versuchen, kann höchstens vermutet werden. Bei jedem fünften Unfall, schätzen Verkehrssicherheitsfachleute, spielen Medikamente eine Rolle. Mildernde Umstände läßt der Gesetzgeber ebensowenig gelten wie bei Fahren unter Alkohol.

Apropos Alkohol: Zusammen mit Tabletten ergibt sich eine brisante Mischung. Schon ein einziges Glas Bier kann dann völlig betrunken machen.

Tips vom 7. Sinn

Tip 1: Grundsätzlich über Wirkstoffe, Wirkungen und Nebenwirkungen in Medikamenten informieren – vor der Einnahme

Tip 2: Auf keinen Fall ans Steuer setzen, wenn Medikamente die Fahrsicherheit beeinträchtigen können

Motorisierte Verkehrsteilnehmer kommen demnach nicht daran vorbei, sich über die Wirkung eines Medikaments zu informieren: Den Arzt fragen, bei frei verkäuflichen Mitteln den Apotheker; denn auch die rezeptfreien können dem Autofahrer gefährlich werden!

Rücksicht auf Busse im Nahverkehr

Busse, die aus einer Haltebucht wieder auf die Fahrbahn wollen, haben Vorrang. Das wissen inzwischen die meisten Autofahrer.

Einbiegende Busse brauchen Abstand vom übrigen Verkehr, weil sie einen größeren Wendekreis haben.

Aber: Der Busfahrer muß seine Absicht früh genug ankündigen! Sonst bleibt dem nachfolgenden Verkehr nicht genügend Zeit, sich darauf einzustellen.

Manchmal erzwingen Busfahrer sich ihr Recht, weil sie ihren Fahrplan einhalten müssen. Auf die Minute genau durchs Straßengewirr und Verkehrsgetümmel die nächste Haltestelle zu erreichen, bedeutet Dauerstreß für den Fahrer, abgesehen von Geschick und Können, die zum Manövrieren des nicht gerade handlichen Fahrzeugs nötig sind.
Haltestellen sind besondere Gefahrenstellen. Autos dürfen nur ganz vorsichtig vorbeifahren!

Immer muß mit unvorsichtigen Fahrgästen gerechnet werden, die vor dem Bus schnell die Straße überqueren wollen. Höchste Aufmerksamkeit ist auch geboten, wenn Busse einbiegen. Sie haben einen großen Wendekreis und brauchen Abstand zum übrigen Verkehr.

Nicht umsonst ist das Parken 15 Meter vor und hinter den Haltestellenschildern verboten, an der Haltestelle selbst sowieso. Wer sein Fahrzeug verläßt oder länger als drei Minuten hält, ist ein Parker! Ein besonders rücksichtsloser sogar, wenn er den Busfahrer zwingt, die Haltestellenbucht im spitzen Winkel anzufahren.

Tips vom 7. Sinn

Tip 1: Bussen Vorrang gewähren – nicht nur an Haltestellen

Tip 2: An haltenden Bussen mit äußerster Vorsicht vorbeifahren

Tip 3: Großzügigen Abstand halten, besonders wenn Busse einbiegen wollen

Für die Fahrgäste wird es dann reichlich ungemütlich.

Die Regeln gelten übrigens auch für Behelfshaltestellen. Fährt ein Bus schon mal etwas langsam, um den Fahrplan einzuhalten, dürfen Autofahrer nur überholen, wenn sie sich einer freien Fahrbahn vergewissert haben. Drauflosfahren und dann die Fahrspur des Busses halsbrecherisch schneiden, bringt nicht nur die eigene Person, sondern möglicherweise 50 andere Menschen in Gefahr. Busse sind im dichten Stadtverkehr nicht langsamer als der übrige Verkehr. An Ampeln kommen sie mühelos in Fahrt. Damit sie ihre Fahrgäste so pünktlich wie möglich ans Ziel bringen, haben inzwischen viele Städte Sonderfahrstreifen, sogenannte Busspuren, eingerichtet. Die sind natürlich tabu für den allgemeinen Verkehr, es sei denn, Zusatzschilder erlauben Taxis diesen Fahrstreifen. Für Schulbusse und Behinderten-Fahrzeuge gilt das Verbot ebenfalls nicht. Auch das muß ein Autofahrer beachten: Am Ende der Bus-Sonderspur geht es nicht nach Größe und Schnelligkeit, sondern nach dem Reißverschlußprinzip: Einfädeln lassen!

Der grüne Pfeil

Die Bewohner der neuen Bundesländer mochten ihn nicht mehr missen, in der alten Bundesrepublik muß man sich noch an den grünen Pfeil gewöhnen. Seit dem 1. März 1994 gilt bundesweit die Regelung, daß der unbeleuchtete Pfeil Rechtsabbiegern freie Fahrt gewähren kann, wenn das Ampellicht „Rot" anzeigt. Für „Wessis" ist das Verhalten in dieser Situation noch gewöhnungsbedürftig, doch auch für „Ossis" hat sich etwas geändert: vor dem Abbiegen muß auf jeden Fall angehalten werden, weil der Querverkehr immer Vorrang hat.

Das unsichtbare Stoppschild im grünen Pfeil ist nicht von der tatsächlichen Verkehrslage abhängig. Selbst bei freier Querrichtung riskiert ein Verkehrssünder, der nicht stehenbleibt, ein Bußgeld von 100 DM. Abbiegen ist natürlich nur von der rechten Fahrspur aus erlaubt. Wer sich auf dem zweiten Fahrstreifen befindet, muß warten, bis die Ampel auf „Grün" gesprungen ist.

Fußgänger und Radfahrer haben Anspruch auf besonders sorgfältige Aufmerksamkeit des rechtsabbiegenden Autofahrers! Für Behinderungen werden 120 DM Bußgeld fällig, für die Gefährdung der Fahrzeuge in der vom Pfeil freigegebenen Verkehrsrichtung ebenfalls. Noch teurer ist die Gefährdung von Fußgängern und Radfahrern auf Radwegfurten: 150 DM.

Die Entschärfung der Verkehrssituation durch einen flüssigeren Abbiegeverkehr verlangt also von den Fahrern diszipliniertes Verhalten, vor allem der Sicherheit von Fußgängern und Radfahrern wegen.

Bei den bekannten grünen Lichtzeichen der Ampeln behält der leuchtende Pfeil seine Bedeutung – für Rechts- und Linksabbieger bleibt alles wie gehabt.

Verkehrsthemen

Bagatellschäden und Fahrerflucht

Fahrerflucht

Die Parklücke war sehr eng, das angetitschte Auto "idiotisch abgestellt", die Sicht versperrt: Ausreden gibt es reichlich bei Bagatellunfällen, die eigentlich nicht hätten passieren müssen. Kleinigkeiten, die dennoch viel Geld kosten. Oft muß der Geschädigte selbst zahlen, weil sich der Unfallverursacher aus dem Staub gemacht hat: Jeder vierte drückt sich, weil er seinen Schadensfreiheitrabatt behalten oder, besonders nach Alkoholgenuß, seinen Führerschein nicht verlieren will.

Die meisten Autofahrer wissen nicht darüber Bescheid, was alles auf sie zukommen kann, wenn sie dennoch erwischt werden, selbst nach einem relativ kleinen Schaden. "Freiheitsstrafe bis zu drei Jahren oder Geldstrafe", sagt das Strafgesetzbuch. Und die Fahrerlaubnis darf man häufig auch erst einmal in den Schornstein schreiben. Beispielsweise nach einem Unfall, bei dem ein Leitpfosten am Straßenrand wegen plötzlicher Straßenglätte oder in einer zu schnell genommenen Kurve umgelegt wurde. Nur das eigene Fahrzeug war beteiligt, doch öffentliches Eigentum kostet auch Geld: ein Begrenzungspoller, eine vier Meter lange Schutzplanke oder ein Verkehrsschild, verbunden mit Einsatzfahrzeug und Personalkosten – das geht in die Hunderte.

So läppern sich Jahr für Jahr bei den Straßenmeistereien Schäden in Millionenhöhe zusammen, die von der Allgemeinheit, den Steuerzahlern, aufgebracht werden müssen.

Welches Risiko Unfallflüchtige eingehen, schätzen viele von ihnen falsch ein. Es ist nicht nur die Strafanzeige; die Versicherung

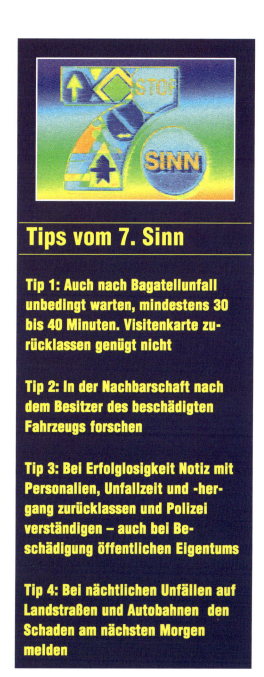

Tips vom 7. Sinn

Tip 1: Auch nach Bagatellunfall unbedingt warten, mindestens 30 bis 40 Minuten. Visitenkarte zurücklassen genügt nicht

Tip 2: In der Nachbarschaft nach dem Besitzer des beschädigten Fahrzeugs forschen

Tip 3: Bei Erfolglosigkeit Notiz mit Personalien, Unfallzeit und -hergang zurücklassen und Polizei verständigen – auch bei Beschädigung öffentlichen Eigentums

Tip 4: Bei nächtlichen Unfällen auf Landstraßen und Autobahnen den Schaden am nächsten Morgen melden

Verkehrsthemen

kann sich weigern, den verursachten Schaden zu zahlen. Das wirkt sich vor allem dann unangenehm aus, wenn nicht nur eine Leitplanke ruiniert oder ein Außenspiegel abgerissen wurde. Eine gebrochene Stoßstange, die eingebeulte Autotür, eine beschädigte Vorderfront am Auto gehen ganz schön ins Geld.

Leider viel zu oft nur für den Geschädigten. Ihn hätten sie nicht ausfindig machen können, behaupten Fluchtsünder häufig. Oder, sie hätten ja einen Zettel mit ihrer Anschrift unter den Scheibenwischer geklemmt.
Das genügt nicht! Auch bei Bagatellschäden muß der Verursacher unbedingt beim beschädigten Fahrzeug warten. Wie lange er sich nicht vom Unfallort entfernen darf, beurteilt die Rechtsprechung unterschiedlich. Wenn nachts auf der Landstraße – oder der Autobahn – eine Leitplanke beschädigt wurde, kann es ausreichen, die Polizei am folgenden Morgen zu informieren, ohne daß man sich strafbar macht. Aber auch nachts besteht eine angemessene Wartepflicht – mindestens eine halbe Stunde – wenn ein fremdes Auto demoliert wurde.

Und wenn das Warten vergeblich ist, muß man die Polizei verständigen. In anderen Situationen läßt sich möglicherweise der Geschädigte ausfindig machen, wenn man in der Nachbarschaft nachfragt. Bleibt die Suche erfolglos, heißt es: Warten! Kommt auch dabei nichts heraus, darf der Unfallfahrer eine Notiz mit Personalien, Unfallzeit, Hergang und Art der Beteiligung deutlich sichtbar hinterlassen und die Polizei benachrichtigen, damit keine Fahrerflucht unterstellt werden kann. Heimzufahren in der Hoffnung, es werde schon nichts nachkommen, wäre eine Fehlkalkulation:
Bis zu 5000 DM könnte sich z. B. die Haftpflichtversicherung beim Schädiger zurückholen!

18-Punkte-Fahrt

Manche Autofahrer haben's immer eilig. So eilig, daß sie es im Eiltempo zu einem 18-Punkte-Konto im Flensburger Zentralregister bringen können: wenn nämlich nicht nur zu schnell, sondern auch rücksichtslos und gleichgültig gefahren wird.
Zum Beispiel an der rotgeschalteten Ampel. Drei Punkte, wenn nichts passiert ist, sogar vier bei Gefährdung und Sachbeschädigung. Ein saftiges Bußgeld kommt in diesem Fall natürlich noch hinzu, außerdem ist der Führerschein für einen Monat futsch. Derselbe Fahrer – er mag Klaus heißen – legt dann auch bei der Geschwindigkeit zu. Das bringt ihm bei 41 km/h über der erlaubten Geschwindigkeit in der geschlossenen Ortschaft weitere vier Punkte ein.

Auf der Autobahn fällt der eilige Klaus wegen Drängelei und Nötigung auf. Diesmal sammeln sich weitere fünf Punkte auf seinem Konto. Kurz darauf hält er den vorgeschrie-

Mit zu hoher Geschwindigkeit an einer Baustelle vorbei fahren bringt schon drei Punkte ein, ...

... und für Drängelei auf der Fahrbahn gibt es sogar fünf Punkte im „Sündenregister".

benen Sicherheitsabstand nicht ein, denn bei 90 km/h sind 30 Meter zu wenig: ein Plus von drei Punkten.

Nicht genug damit. Wegen Nichtbeachtung der erlaubten Fahrgeschwindigkeit in einer Baustelle sammeln sich nochmal drei Punkte auf dem Konto an. Der Klaus aus unserem Beispiel konnte es an einem Tag auf 19 Punkte bringen – als Ausnahmefall.

Meistens geht es so schnell nicht, sondern dauert Monate oder Jahre. Wie bei Peter. Vier Punkte wegen zu schnellen Fahrens machten den Anfang seiner zweijährigen Punkte-Karriere. Permanentes Falschparken in der Folgezeit fiel mit einem Punkt recht glimpflich aus. Aber dann entdeckte einige Wochen später eine Polizeikontrolle die abgefahrenen Reifen an Peters Auto: drei Punkte.
Auch das tägliche Hupkonzert beim Abholen des Arbeitskollegen sorgte für einen Punktgewinn. Beim Überfahren einer roten Ampel wurde mit weiteren drei Punkten das Dutzend voll. Peter schaffte bei gefährlichem Überholen an einem Fußgängerüberweg noch vier Punkte. Das Limit von 18 Punkten erreichte er mit zwei Zählern, als er nach einer Panne auf der Autobahn sein Fahrzeug nicht vorschriftsmäßig sicherte.

Adieu, Führerschein!

Verkehrsthemen

Punkte und Fahrerlaubnis

Auf schwerwiegende Verkehrsverstöße folgen oft drastische Maßnahmen. Am meisten gefürchtet wird in der Regel der Entzug des Führerscheins. Verkehrswidrigem, rücksichtslosem Verhalten soll damit auf gewisse Zeit ein Riegel vorgeschoben werden – für den Verkehrssünder eine Warnung, es in Zukunft besser zu machen.

Oft wird die Teilnahme an einer Nachschulung für auffällige Kraftfahrer angeordnet, ehe der "Täter" wieder ans Steuer darf. Freiwillige Teilnahme kann Pluspunkte für Sperrfrist bringen.

Tips vom 7. Sinn

Tip 1: Verantwortungsbewußt Auto fahren

Tip 2: Ohne Alkoholeinfluß fahren – immer

Tip 2: Nach Entzug der Fahrerlaubnis freiwillig an der "Nachschulung für auffällige Kraftfahrer" teilnehmen (Informationen beim TÜV, evtl. Fahrlehrer)

In neun von zehn Fällen heißt der Anlaß für die als äußerst schmerzhaft empfundene "Aus-Zeit" mit Zwangsrückkehr zum Fahrrad oder zu öffentlichen Verkehrsmitteln: Alkohol am Steuer. Da kann bereits das zweite Glas zuviel und die Reue lang sein.

Je nach Alkoholpegel und Schwere des Verkehrsvergehens wird der Führerschein unterschiedlich lange einbehalten. Nach dem richterlichen Urteil darf die Verwaltungsbehörde, gerechnet von der Rechtskraft des Urteils an, dem Delinquenten in der Zwischenzeit keine neue Fahrerlaubnis erteilen.

Der neue Führerschein kommt nach den Monaten der Enthaltsamkeit nicht einfach mit

der Post ins Haus, die Wiedererteilung muß vielmehr beantragt werden. Auf eine neue Fahrprüfung kann die Verwaltungsbehörde verzichten, wenn keine Anhaltspunkte dagegen sprechen, daß der Bewerber die erforderlichen Kenntnisse und Fähigkeiten besitzt. Sind jedoch seit der Sperre mehr als zwei Jahre vergangen, ist eine erneute Prüfung fällig.

Der Bewerber muß ein behördliches Führungszeugnis, die Bescheinigung über Teilnahme an einem Erste-Hilfe-Kursus und das Ergebnis eines Sehtests vorlegen.
Wenn bei der Verwaltung der Eindruck besteht, der Betroffene sei weiterhin zum Führen eines Kraftfahrzeuges ungeeignet, fordert sie ein medizinisch-psychologisches Gutachten. War der alkoholisierte Autofahrer mit mehr als zwei Promille gefahren oder in den letzten zehn Jahren mindestens zweimal wegen Trunkenheit aufgefallen, zieht die Verwaltung erstmal mit dem Gutachten die Notbremse. Selbstredend hat der Antragsteller diese Untersuchung, in der auch sein Verhalten auf dem Prüfstand steht, zu bezahlen.

Voraussetzung für die Rückgabe des Führerscheins ist häufig zusätzlich die Teilnahme an einem Seminar für auffällige Kraftfahrer, um eine Änderung der "Ich habe nur Pech gehabt"-Mentalität zu bewirken.

Fahren unter Alkoholeinfluß kann sehr teuer werden. Die Wiedererlangung der Fahrerlaubnis auch. Für viele kostet der Führerscheinentzug noch mehr: den Arbeitsplatz und damit oft die Existenz.

Verhaltensrecht im Straßenverkehr

Gerd Bormuth

Die Sicherheit im Straßenverkehr hängt maßgeblich vom Verhalten der Verkehrsteilnehmer – ob als Kraftfahrer, Fahrradfahrer oder Fußgänger – ab: neun von zehn Unfällen beruhen auf menschlichem Versagen.

Bei stetig zunehmendem Verkehr, ohne Möglichkeit, den Straßenraum beliebig zu erweitern, und mit unterschiedlich "starken" Verkehrsteilnehmern, können nur Partnerschaft und Rücksichtnahme das Verkehrsverhalten regeln. Paragraph 1 der Straßenverkehrs-Ordnung formuliert das so klar, daß sie eigentlich damit enden könnte: "Die Teilnahme am Straßenverkehr erfordert ständige Vorsicht und gegenseitige Rücksicht. Jeder Verkehrsteilnehmer hat sich so zu verhalten, daß kein anderer geschädigt, gefährdet oder mehr als nach den Umständen unvermeidbar behindert oder belästigt wird." Wenn jeder sich an diese einfachen, aber eindeutigen Grundregeln halten würde, wäre die Verkehrssicherheit wohl optimal gewährleistet. Doch das ist natürlich Utopie.

Der moderne Straßenverkehr ist zu vielschichtig, um ihn mit einer einzigen Grundsatzvorschrift regeln zu können. Neben der Verkehrssicherheit spielen die Flüssigkeit des Verkehrs und auch der Umweltschutz eine Rolle. Diese verschiedenen, sich teilweise widersprechenden Interessen müssen miteinander in Einklang gebracht werden. Die Verkehrssicherheit hat aber eindeutig Priorität.

Es geht darum, den Verkehrsunfällen, und dabei hauptsächlich denen mit tödlichen oder schweren Verletzungen, den Kampf anzusagen. Das ist in erster Linie eine Aufgabe für die Verkehrserziehung und -aufklärung. Ohne klare Verhaltensregeln für bestimmte Verkehrssituationen wären die Verkehrsteilnehmer überfordert, würde unfallträchtiges Verhalten gefördert und begünstigt. Erst wenn man ihnen erklärt, wie sie sich in bestimmten, problematischen Situationen sach- und regelgerecht verhalten sollen, können sie Konflikte vermeiden und Unfallrisiken bewältigen. Gerade die Hauptunfallursachen wie Fahren mit nicht angepaßter Geschwindigkeit, falsches Überholen, Fahren unter Alkoholeinfluß, ungenügender Abstand zum Vordermann, Mißachtung der Vorfahrt, Verstoß gegen das Rechtsfahrgebot, falsches Verhalten beim Abbiegen müssen eindeutig geregelt sein. Darüber hinaus sind Vorschriften zum Schutz der schwächeren Verkehrsteilnehmer – Kinder,

Hilfsbedürftige und ältere Menschen – unerläßlich.

Das Straßenverkehrsrecht trägt diesen Forderungen Rechnung. Verhaltensvorschriften sind aber nur so gut, wie sie beachtet und eingehalten werden. Den größten Erfolg, um sie auch durchzusetzen, haben leider nur eine konsequente Überwachung und sachgerechte Ahndung der Verstöße. Der 1990 in Kraft getretene Bußgeldkatalog und der Verwarnungsgeldkatalog bieten hierfür die Voraussetzung. Sie sind am 1. April 1993 zum Teil verschärft worden.

Langfristig und auf die Dauer wichtiger, weil wirksamer, ist eine grundlegend positive Beeinflussung des Verhaltens der Verkehrsteilnehmer, damit sie – unabhängig von dem Risiko, bei einem Verstoß belangt zu werden – die Spielregeln des Straßenverkehrs befolgen.
Das gelingt nur, wenn die Vorschriften für jeden einleuchtend und verständlich sind. Verkehrserziehung und -aufklärung können viel zur Förderung verkehrsgerechten Verhaltens beitragen. Der "7. Sinn" hat sich dieses Anliegen zu eigen gemacht und trägt es mit Engagement und Erfolg vor.

Geschwindigkeit

Fahrgeschwindigkeit muß situationsangepaßt sein. Die aus Sicherheitsgründen zulässige Geschwindigkeit verlangt nach der Straßenverkehrs-Ordnung vom Fahrzeugführer, daß er das Fahrzeug ständig beherrschen kann, indem er angepaßt an Straßen-, Verkehrs-, Sicht- und Wetterverhältnisse sowie an seine persönlichen Fähigkeiten und die Eigenschaften von Fahrzeug und Ladung fährt. Weil bei Nebel viel zu schnell gefahren wird, legt seit

1991 die Vorschrift präzise eine Höchstgeschwindigkeit für besonders schlechte Sichtverhältnisse fest: Wenn Nebel, Schneefall oder Regen eine Sicht von weniger als 50 Metern erlauben, darf nicht schneller als mit 50 km/h gefahren werden – falls nicht sogar eine noch geringere Geschwindigkeit geboten ist, z. B. bei zusätzlicher Schneeglätte.

Die Forderung nach angepaßter Geschwindigkeit behält auch für bestimmte Straßenkategorien – z.B. innerorts oder auf Außerortsstraßen – oder für bestimmte Fahrzeugarten ihre Berechtigung. Aus der Formulierung "Die zulässige Höchstgeschwindigkeit beträgt auch unter günstigen Umständen ..." folgt, daß etwa bei Dunkelheit, Aquaplaning oder in Wohngebieten deutlich langsamer gefahren werden muß. Das gleiche gilt, wenn Verkehrszeichen eine Höchstgeschwindigkeit anordnen.

Geschwindigkeitsangepaßt heißt sicher fahren. Das trifft in erster Linie auf Autobahnen zu, wo die Richtgeschwindigkeit von 130 km/h gilt. Der Verzicht auf ein generelles Tempoli-

mit stellt keinen Freibrief zum Rasen aus! Fahrzeugbeherrschung und Anpassung an äußere Umstände ziehen hier eine klare Grenze.

Abstand

Entsprechend der Straßenverkehrs-Ordnung muß der Abstand zu einem vorausfahrenden Fahrzeug in der Regel so groß sein, daß man auch bei plötzlichem Bremsen des Vordermanns rechtzeitig halten kann. Dem vorderen Fahrzeug ist jedoch starkes Bremsen ohne zwingenden Grund verboten. Dieser nicht näher definierte Sicherheitsabstand war immer wieder Gegenstand heftiger Diskussionen. Die Rechtsprechung bezeichnet als ausreichenden Sicherheitsabstand die Strecke, die bei normalen Verhältnissen in 1,5 Sekunden durchfahren wird. Die Faustregel "Der Abstand sollte dem halben Tachowert entsprechen" kalkuliert mit einem 1,8 Sekunden-Abstand. Damit befindet sich der Kraftfahrer auf der sicheren Seite.

Der Sicherheitsabstand kann natürlich nicht immer eingehalten werden, z.B. bei dichtem Stadtverkehr oder Kolonnenverkehr auf der Autobahn. Aufmerksamkeit und ständige Bremsbereitschaft müssen den verkürzten Abstand ausgleichen. Die Forderung, daß früh genug hinter dem vorausfahrenden Fahrzeug gehalten werden kann, bleibt bestehen.

Überholen

Fehlverhalten beim Überholen gehört zu den gefährlichsten und folgenreichsten Unfallursachen überhaupt. In der Straßenverkehrs-Ordnung steht die generelle Grundregel: "Überholen darf nur, wer übersehen kann, daß während des ganzen Überholvorgangs jede Behinderung des Gegenverkehrs ausgeschlossen ist." Damit wird eine über das normale Maß hinausgehende, besondere Sorgfalt verlangt, die der Sicherheitsslogan "Überholen? Im Zweifel nie!" treffend zusammenfaßt.

Neben den einschränkenden Voraussetzungen für das Überholen bestimmt die StVO ein konkretes Überholverbot

➢ bei unklarer Verkehrslage,
➢ durch Überholverbotszeichen der StVO,
➢ wenn die Sichtweite durch Nebel, Schneefall oder Regen weniger als 50 Meter beträgt.

Eine unklare Verkehrslage kann bei schlechten Sichtverhältnissen bestehen oder bei ungewissem Verhalten des Fahrzeugs, das überholt werden soll: Vielleicht will dessen Fahrer nach links abbiegen oder selbst überholen.
Das Überholverbot für Lkw über 7,5 t ist, zusammen mit der Festlegung der Höchstgeschwindigkeit bei Sichtweiten unter 50 Metern, in die StVO aufgenommen worden. Es stellt einen besonderen Fall des Tatbestandes "unklare Verkehrslage" dar. Diese Konkretisierung war notwendig, weil erfahrungsgemäß auch bei so geringen Sichtweiten überholt wird. Oft lösen dadurch Lastkraftwagen, selbst wenn sie nicht den ersten Unfall in der Kette verursachen, erst die schwerwiegenden Folgen aus. Die Geltung bereits bestehender Überholverbote bleibt trotz dieses speziellen Verbotes selbstverständlich erhalten.
Eine weitere wichtige Verhaltensanweisung: "Wer zum Überholen ausscheren will, muß sich so verhalten, daß eine Gefährdung des nachfolgenden Verkehrs ausgeschlossen ist." Diese Vorschrift verlangt ebenfalls das äußerste an Sorgfalt.

Abbiegen

Um Unfälle beim Abbiegen zu vermeiden, berücksichtigt die StVO mit ihren Anweisungen für Abbiegevorgänge Besonderheiten für

bestimmte Fahrzeugarten und Verkehrsteilnehmer (Schienenbahnen, Linienomnibusse, Radfahrer und Fußgänger).
Eine Regelung, die erst seit Juli 1992 gilt, ist das "amerikanische Abbiegen": Wenn sich auf einer Kreuzung zwei Linksabbieger begegnen, müssen sie voreinander abbiegen (wie es u. a. auch in der ehemaligen DDR galt). Ausnahmen gelten bei einer zu engen Kreuzung oder wenn der Verkehr die neue Regelung nicht zuläßt. Also muß der Kraftfahrer in jedem Einzelfall entscheiden, ob die Situation die neue Form des Abbiegens gefahrlos erlaubt.

Schutz schwächerer Verkehrsteilnehmer

Schon seit 1980 sind Fahrzeugführer laut Straßenverkehrs-Ordnung verpflichtet, sich gegenüber Kindern, Hilfsbedürftigen und älteren Menschen so zu verhalten, daß ihre Gefährdung ausgeschlossen ist; insbesondere die Verminderung der Fahrgeschwindigkeit

Serviceteil

und die Bremsbereitschaft sollen dazu beitragen. Bereits zuvor hatte die Rechtsprechung eine ganz besondere Sorgfaltspflicht gegenüber Kindern gefordert. Bei einem Unfall wurde der Kraftfahrer nur vom Schuldvorwurf freigesprochen, wenn er sich entsprechend verantwortungsbewußt verhalten hatte. Gleichwohl schien dem Gesetzgeber aufgrund der besorgniserregenden Unfallsituation die Einführung dieser erweiterten Verhaltensvorschrift unverzichtbar.

Seit dem 1. April 1993 dürfen Kinder im Kraftfahrzeug nur noch in geeigneten Rückhaltesystemen mitgenommen werden, wenn für die Sitze Sicherheitsgurte vorgeschrieben sind. Auch diese Vorschrift war notwendig geworden, weil die Appelle an Einsicht und Verantwortungsbewußtsein der Eltern bzw. Erwachsenen nicht ausreichen, um Kinder als Mitfahrer in Autos zu schützen.

Diese Gruppe stellt unter den bei Verkehrsunfällen getöteten Kindern den größten Anteil! Erst danach folgen die Gruppen der Fußgänger und Radfahrer – weit entfernt von der Einschätzung der Eltern!

Deshalb mußten aus Sicht des Gesetzgebers Einwände wegen Unannehmlichkeiten bei der Mitnahme von Kindern und zusätzlicher Kosten unbeachtet bleiben: Kindersicherheit läßt sich nicht in Konkurrenz zu Bequemlichkeit und Geldersparnis setzen.

Serviceteil

Vom Menschen, der im Straßenverkehr ganz anders ist als sonst

Dipl.-Psych. Clelia Meyer

"Immer die anderen" heißt "immer wir selbst"

Genau wie eine Melodie mehr ist als die Summe aller Einzeltöne, so ist der Straßenverkehr mehr als die Summe der Verkehrsteilnehmer, der von ihnen benutzten Fahrzeuge, der Straßen- und Wetterverhältnisse usw. Er ist in jedem Moment, in dem wir uns an ihm beteiligen und ihn erleben, ein immer wieder neuartiges Ganzes, ein System mit eigenartigen Bedingungen, die stark auf den Menschen einwirken.

Auf der einen Seite haben wir beim Straßenverkehr durchaus positive, regelrechte Fahr-Spaß-Erlebnisse. Auf der anderen Seite bringt er Risiko und vermittelt Gefahr, macht uns mürbe, läßt uns fahrlässig oder gar ein wenig bösartig werden. Ja gewiß: Fahr-Spaß und manchmal auch ein bißchen Angst, das gilt auch für uns. Aber fahrlässig und bösartig? Das betrifft gewiß nur die anderen. Ertappen Sie sich auch schon mal bei solchem Schubkasten-Denken?

Was die "schwarzen Schafe" – natürlich "immer die anderen" – so auf unseren Straßen anrichten, das kann mit kurzen Worten beschrieben werden: Jedes Jahr verunglücken in Deutschland mehrere hunderttausend Menschen, rund 10.000 sterben (1992: 526.000 Verletzte bei Verkehrsunfällen, 10.643 Verkehrstote).

Da wird, drastisch gesagt, die Straße zum Schlachtfeld, und jeder von uns hat das im Hinterkopf, aber natürlich weggedrängt. Denn sonst würde die Angst das eigene Fahrzeug zum Stehzeug machen.

Angst und Selbsterhaltungstrieb: Ob wir es wahrhaben wollen oder nicht – sie fahren immer mit uns. Damit sitzt dann auch "Kampfbereitschaft" mit am Steuer, eine mehr oder weniger große Bereitschaft zu aggressivem Verhalten – nachweisbar durch Adrenalinausschüttung, erhöhten Blutdruck, schnelleren Herzschlag. Die biologische Veränderung mit der aufschaukelnden Wirkung ist aber nur ein Faktor, hinzu kommen andere, die uns als Verkehrsteilnehmer nicht besser machen.

Dichte des Verkehrs: Andere Autos, Motorräder oder Fahrräder werden als Hemmnisse erlebt, die uns am gewollten schnelleren Fort-

kommen hindern. Vielmehr noch deren Fahrer, die sich vermeintlich gegen uns verschworen haben. Es kommt nicht Freude, sondern Ärger auf. Die Sucht nach dem kleinen Vorteil: Richtig sauer macht es, wenn andere drängeln oder ein Überholer sich auf meine Kosten ein paar Meter Vorteil verschafft.

Die Anonymität im Verkehr: Weil die Autofahrer in ihrem Gehäuse sich, gerade so wie Motorradfahrer mit Helm und Visier, eine Tarnkappe übergezogen haben, sind der Kontakt untereinander und die Kommunikation miteinander in der Tendenz gegen Null reduziert. Um so größer ist die Verführung, auch das eigene Tun zu maskieren (nicht zuletzt vor sich selbst) und es dem anderen Anonymus (auch als Ersatz für einen, der nicht da ist oder an den man sich nicht heranwagt) mal so richtig zu geben, ihm mindestens aber zuzutrauen, daß er seinen Führerschein in der Lotterie gewonnen hat.

Das Dumme an der Sache ist nur: Die anderen halten's genauso, und weil ich das weiß, fühle ich mich insgeheim gekränkt, was die eigene Aggressionsbereitschaft nicht gerade dämpft, sondern aufbaut.

Das Risikoverhalten: Gerade im Straßenverkehr werden vom Menschen fortlaufend Entscheidungen abverlangt, von denen manche risikobehaftet sind. Zum Beispiel diese: "Soll ich in der kniffligen Verkehrssituation überholen oder nicht?" Die Entscheidung wirkt sich auch darauf aus, wie schnell man sein Ziel erreicht. Gegen den Zeitgewinn spricht aber, daß man keinen Unfall verursachen will, denn der würde im günstigsten Fall noch mehr Zeit und Geld für Reparaturrechnungen bzw. ein "Knöllchen" kosten. Also wird deutlich, daß ein Zielkonflikt bewältigt werden muß – das eine Ziel läßt sich nur erreichen, wenn das andere aufgegeben wird. Der Entscheidungsdruck bringt Streß, oft baut er Aggression auf oder verstärkt sie. Der Konflikt wird dadurch verschärft, daß man den positiven Ausgang nicht kalkulieren, nicht erzwingen kann.

Es ist wie beim Roulette, es geht um Wahrscheinlichkeiten. Und wie beim Roulette kitzelt die Ungewißheit die Nerven. Der Nervenkitzel wirkt aber bei manch einem wie eine aufputschende Droge, er wird zum Angst-Lust-Erlebnis, dem sogenannten Thrill. Wer sich davon anmachen läßt, der pept damit dann auf der Straße das graue Einerlei des Alltags auf. Risiko ist angesagt!

Außer beim riskanten Überholen zeigt sich Risikoverhalten auch bei der Geschwindigkeitswahl: zu hohes Risiko bei der sogenannten nicht angepaßten Geschwindigkeit, der häufigsten Unfallursache. Ein sanfter Pedaldruck, und schon schießt das Fahrzeug davon. Welch erhebendes Gefühl von Macht und Freiheit vermittelt sich da! So erlebt, wird Geschwindigkeit zum Seelenbalsam, zum Selbstzweck. Das aber vor dem Hintergrund, daß uns Menschen über Gehen und Laufen hinaus kein natürlicher Sinn, keine ausreichende Wahrnehmung für den Hochgeschwindigkeitsbereich zu eigen ist. Das zeigt sich z. B., wenn wir, ohne einen Blick auf den Tacho zu richten, auf einer geraden, leeren Autobahn mit gleichbleibendem Tempo fahren sollen.

Es gelingt nicht, wir werden immer schneller – und merken es aus uns selbst heraus nicht. Nur der Tacho zeigt es an. So ist es auch zu verstehen, daß nicht nur die eigene, sondern auch die Geschwindigkeit anderer Fahrzeuge oft falsch eingeschätzt wird, vielmals mit fatalen Folgen.

Zuviel für unsere Wahrnehmung: Sie wird im Straßenverkehr oft überfordert. Unter hohem Zeitdruck muß fortlaufend eine Fülle von Informationen verarbeitet werden. Da bleiben hin und wieder "Kanalverstopfungen" nicht aus.

Manche Unachtsamkeit ist die Folge von Reizüberflutung, aber beileibe nicht jede. Reizüberflutung kann aber auch dazu führen: Wir reagieren, wenn wir gar nicht reagieren sollen – z. B. wird plötzlich stark gebremst, obwohl es dafür keinen Anlaß gibt.

Das Ausblenden von Gefahr: Jeder von uns hat es schon erlebt, wie nach einer Unfallstelle brav langsam gefahren wurde. Nur ein paar Kilometer weit. Dann ist man wieder auf dem Geschwindigkeitsniveau von vorher. Der durch den Unfall angestoßene Gefahrensinn wird wieder abgeschaltet, unmerklich und ohne bewußten, aktiv gesetzten Impuls. Im Hintergrund wirkt dabei sicher mit, daß wir um die Vielzahl folgenloser Verkehrsverstöße wissen und fest hoffen, daß "mir schon nichts passieren wird". Dieses Hintergrundwissen kann aber auch der bewußte Anlaß für einen Nervenkitzel besonderer Art sein, nämlich den, das Schicksal herauszufordern – immer und immer wieder. Je höher z. B. die angedrohte Strafe für den Verkehrsverstoß, um so größer die Genugtuung, auch diesmal wieder davongekommen zu sein. Passionierte Rotlichtsünder oder Verächter von Geschwindigkeitsbeschränkungen sind wahrscheinlich so gestrickt. Bis es knallt!

Viele Bedingungen des Systems Straßenverkehr führen – wie die wenigen angesprochenen Zusammenhänge zeigen – dazu, daß der Mensch sich als Verkehrsteilnehmer anders verhält als sonst. Vieles davon ist wenig selbst- oder partnerfreundlich. Er benimmt sich aggressiver als sonst, risikofreudiger, handelt öfter unzweckmäßig und lernt weniger aus seinen eigenen Fehlern als in anderen Lebensbereichen. Dazu kommt noch die fatale Tendenz, den Splitter im Auge des Nächsten zu beachten und den eigenen Balken zu übersehen, nach dem Motto: Immer die anderen !

Aber das Motto ist unvollständig. Denn aus allem, was wir von uns selbst wissen, muß es ergänzt werden: Immer wir selbst !

Auch auf der Straße: Manche sind besser als vermutet, manche sind schwächer als wir selbst und brauchen unsere Fairness

Die besprochenen Verkehrsbedingungen wirken sich bei allen Verkehrsteilnehmern aus – mal mehr, mal weniger. Aber es gibt doch wohl in der Gesamtheit einige Gruppen, die besonders anfällig und deshalb auch besonders zu beachten sind. Denn wie wäre es z. B. zu erklären, warum der "Durchschnittsfahrer" kurz vor einer Bergkuppe nicht mehr überholt, während andere genau das tun? Sie scheinen ihre Angst nicht deutlich zu spüren oder ihre Angst-Lust treibt sie dazu, das Risiko zu wagen. Ähnlich wie Extrem-Alpinisten erleben sie eine angsterregende Situation als besonders lustvoll.

Auch zwischen den Geschlechtern gibt es im Straßenverkehr deutliche Verhaltensunterschiede. Jedoch nicht so, wie das Vorurteil es will. In den sechziger Jahren waren nur etwa 20 Prozent der Fahrer weiblich, inzwischen haben die Frauen aufgeholt. Seit 1986 liegt der Anteil der Fahranfängerinnen bei ca. 50 Prozent. Und es zeigt sich auf den Straßen, und damit auch in der Verkehrsunfallstatistik, daß Frauen weniger rasen und drängeln. Sie fahren defensiver und partnerschaftlicher, damit eben sicherer. Sie verursachen weniger Schadensfälle als Männer. Viel seltener sind sie in Unfälle durch hohes Tempo oder durch Alkohol am Steuer verwickelt. Aber im Durchschnitt fahren sie genauso zügig wie die männlichen Fahrzeuglenker. Für Frauen ist

die Wirtschaftlichkeit des motorisierten Untersatzes wichtiger als sein Statussymbol-Wert. Der aber spielt bei den Männern eine nicht zu unterschätzende Rolle – zur Selbstbestätigung, zum Imponieren und fürs Image.

Zwei Gruppen sind in unserem Verkehrssystem besonders gefährdet und überfordert: ältere Menschen und Kinder. Beide verunglücken z. B. als Fußgänger sehr oft beim Überqueren der Straße. Einige Gründe dafür: Ältere Menschen sind vielmals in ihrer Beweglichkeit eingeschränkt, ihre Flexibilität vermindert sich, Hör- und Sehvermögen lassen nach, die Aufmerksamkeit ist eingeengt. Nicht alle diese Alterserscheinungen können durch Erfahrung ausgeglichen werden. Älteren Menschen widerfährt es mehr als jüngeren, daß sie Unerwartetes tief erschreckt und verunsichert (panikartiges Hin und Her auf dem Fußgängerüberweg ist solch ein Fall).

Kinder denken und handeln stark ichbezogen. Sie glauben z. B., daß sie vom Autofahrer gesehen werden, wenn sie verdeckt zwischen zwei parkenden Fahrzeugen stehen, weil sie das Auto doch auch sehen. Sie denken, daß ein Auto – wie sie selbst – ganz schnell stehenbleiben kann. Sie können Entfernungen und Geschwindigkeit nicht richtig einschätzen. Und Gefahren haben in ihrem Bewußtsein kaum einen Platz. Kinder sind eben keine kleinen Erwachsenen!

Beiden Gruppen schulden wir anderen Verkehrsteilnehmer besondere Rücksicht. Überall dort, wo mit Kindern und älteren Menschen zu rechnen ist, müssen deshalb bei uns die Warnlampen blinken. Das heißt ganz schlicht: erhöhte Aufmerksamkeit, runter mit der Geschwindigkeit, Bremsbereitschaft!

Das unrühmliche Kapitel – Alkohol und Drogen

Es ist einleuchtend, daß nach Alkohol- oder Drogenkonsum, aber auch unter der Wirkung von Schmerz- und Beruhigungsmitteln die besprochenen Systembedingungen besonders stark wirken: Aggression, Risikobereitschaft und Selbstüberschätzung steigen an. Das macht aus "normalen" für alle gefahrbringende Verkehrsteilnehmer. Deshalb ist die einfache Schlußfolgerung für uns: Tabu!

Was kann nun der Einzelne tun, um die Situation auf unseren Straßen zu verbessern?

Als Wichtigstes: Sich immer wieder bewußt machen, wie sehr man sich verändert, wenn man sich ans Steuer setzt. Nicht nur andere, sondern auch ich reagiere z. B. viel aggressiver als sonst. Das heißt, daß ich zuerst vor der eigenen Tür kehren und mir selbst mißtrauen muß. Nur indem ich mir meine Abhängigkeit von den Systembedingungen Straßenverkehr immer wieder vor Augen führe, kann ich die negativen Entwicklungen dieser Abhängigkeit schrittweise überwinden.

Die Selbsterkenntnis baut die Selbstüberschätzung ab und fördert die Toleranz und das Verständnis für andere. Denn je mehr ich mir der Systembedingungen bewußt bin, um so besser kann ich mich auch in den anderen hineindenken und mich in ihm erkennen. Um der Anonymität entgegenzuwirken, ist es wichtig, den Kontakt und die Kommunikation mit anderen Verkehrsteilnehmern zu suchen. Blickkontakte und freundliche, unmißverständliche Handzeichen, Verzicht auf einen kleinen Vorteil – diese kleinen Dinge verbessern schon das Klima auf der Straße erheblich.

Partnerschaftliches Verhalten schafft auch bei anderen eine freundliche Stimmungslage, ruft Dankbarkeit ab und erwirkt nach dem Schneeballsystem weitere Partnerschaft. Aber auch die richtige Einschätzung dessen, was der andere vorhat, wie er sich wohl verhalten wird, ist vonnöten. Dazu gehören z. B. Antworten auf solche Fragen wie: Erfordert sein Alter besondere Rücksicht? Wie steht es mit der Aufmerksamkeit? Und gleichzeitig ist es wichtig, dafür zu sorgen, daß dem anderen das eigene Tun, die eigene Absicht deutlich wird.

Zum Schluß noch ein paar kleine Tricks für den Verkehrsalltag

Sie wirken aber nur, wenn das Frage- und Antwortspiel von Ihnen regelmäßig abgespult wird. Ergänzungen oder Veränderungen sind Ihrer Phantasie überlassen.

Wie wäre es damit, eine Viertelstunde früher loszufahren?

Läßt sich der Fahrweg wechseln, um der Abstumpfung, dem "Fahren wie im Schlaf auf der Hausstrecke" zu entgehen?

Ertappe ich mich schon wieder beim "Oberlehrerverhalten", indem ich zeige, was mir die Straßenverkehrs-Ordnung an Rechten zubilligt?

Habe ich an der Kreuzung meinem Nachbarn heute schon freundlich zugelächelt?

Habe ich darauf geachtet, daß der andere mit dem fremden Nummernschild sich nicht so gut auskennt wie ich?

Habe ich schon wieder ordinär geflucht, wie ich es sonst nie mache?

Mußte ich eigentlich die Zigarettenkippe aus dem Fenster werfen?

Könnte das Kind da vorn nicht auch mein eigenes sein?

Waren das etwa meine Reifen, die beim Anfahren so gequietscht haben?

Mein Gott, werde ich nicht auch älter?

Was will ich eigentlich im Kofferraum meines Vordermannes?

Wieso war ich bei der Geburtstagsfete im Betrieb wieder zu feige, zum Alkoholangebot Nein zu sagen?

Soll ich morgen vielleicht doch mal mit dem Bus oder der Straßenbahn fahren?

Warum habe ich mich noch immer nicht zu einem Sicherheitstraining bei meinem Automobilclub oder der Verkehrswacht angemeldet?

"Probieren geht über studieren", sagt die Volksweisheit. Und wenn Sie an sich merken, daß schon mehrere erste Probeläufe ein wenig wirken, dann sind auch Sie bei denen, die im Straßenverkehr "Fahrspaß – aber sicher!" haben.

Serviceteil

Das Risiko steigt rapide

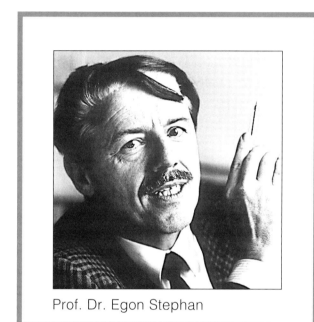

Prof. Dr. Egon Stephan

Alkohol am Steuer ist viel gefährlicher als die Verkehrsteilnehmer ahnen oder es die Statistik zeigt. Zwar wird immer wieder vor den Gefahren des Alkohols im Straßenverkehr gewarnt. Wie groß die Gefahr tatsächlich ist, die von alkoholisierten Verkehrsteilnehmern ausgeht – auch von denen, die nicht mal viel getrunken haben – wird jedoch noch immer weit unterschätzt.

Schon ein bis zwei Gläser Wein oder Bier genügen oft, um die Gefährdung im Straßenverkehr nicht mehr so ernst zu nehmen, wie es notwendig ist. "Nur leicht" angetrunkene Fahrer sind viel eher als nüchterne bereit, leichtfertig oder gar rücksichtslos zu überholen, Signale und Hinweise "großzügig" zu übersehen.

Wer nur zwei Gläser Bier oder Wein getrunken hat, braucht nicht von vornherein eine Verurteilung zu befürchten. Aber weil die Risikoschwelle schon bei geringen Mengen Alkohols sinkt, kann leicht eine Gefährdungs- oder Unfallsituation eintreten, die den Führerschein kostet! 0,3 Promille genügen dann!

Auch kleine Alkoholmengen wirken sich bei den jungen Anfängern hinterm Steuer oft geradezu verheerend aus. Einerseits fehlt es ihnen an Fahrroutine, deshalb sind sie unter Alkoholeinfluß besonders schnell überfordert, andererseits erhöht der Alkohol die ohnehin für junge Kraftfahrer typische Neigung zu riskantem Fahren. Die sogenannten Disco-Unfälle sind der traurige Beweis für diesen Leichtsinn.

Neben der Kategorie der mäßigen Trinker, die ab und zu – oder mehrmals pro Woche – eine Flasche Bier oder zwei Gläschen Wein trinken, gibt es eine andere Gruppe von Alkoholkonsumenten, die sich für "besonders trinkfest" halten. Sie bechern täglich um die drei Liter Bier oder eineinhalb Liter Wein – nach einem Tag Trinkpause meistens noch mehr. Auch diese sauflustigen Kraftfahrer steigern schon nach dem zweiten, dritten Glas das Fahrrisiko, obwohl sie oft infolge des ständigen "Trainings" die Alkoholwirkung weder körperlich noch geistig richtig spüren.

Mindestens fünf Millionen Erwachsene müssen in der Bundesrepublik Deutschland als alkoholabhängig und/oder alkoholgefährdet angesehen werden. Mehr als drei Millionen von ihnen dürften eine Fahrerlaubnis besitzen.

Diese Trinker(innen) nehmen – wie selbstverständlich – auch mit oft hohen Blutalkoholkonzentrationen am Verkehr teil. Deshalb ist auch der durchschnittlich bei Kontrollen festgestellte Promilleanteil von 1,5 unglaublich hoch. Um diesen Wert zu erreichen, sind rund zwei Liter Wein oder vier Liter Bier oder 20 Schnäpse nötig. So viel Alkohol trinken die meisten Menschen schon deshalb nicht, weil sie merken, daß es ihnen dann körperlich schlechtgeht.

Verkehrsteilnehmer, die durch ihren alltäglichen oder jedenfalls sehr häufigen Alkoholkonsum eine auffällige Trinkfestigkeit erworben haben, täuschen sich meistens darüber, wieviel sie wirklich trinken. Sie ahnen auch nicht, wie oft sie sich mit extrem hoher Alkoholbelastung in den Verkehr wagen. Nicht selten bilden sie sich ein, sie seien durchschnittliche oder gar unterdurchschnittliche Alkoholkonsumenten – dabei liegt ihre Trinkmenge weit über dem Durchschnitt.

Dieses "Sich-in-die-Tasche-Lügen" ist typisch für Gewohnheitstrinker. Auch über die Häufigkeit ihrer – meist unentdeckten – Verkehrsverstöße in alkoholisiertem Zustand machen sie sich etwas vor. Erst wenn – etwa im Zusammenhang mit einem Unfall – ein Untersuchungsergebnis vorliegt, wird den Betroffenen mit Erschrecken klar, daß sie die Grenze der absoluten Fahruntüchtigkeit – 1,1 Promille – weit hinter sich gelassen haben.

Immer häufiger fallen im Straßenverkehr auch recht junge Fahrer mit hohen Blutalkoholkonzentrationen auf: ein Indiz dafür, daß sie bereits sehr früh mit extremem Alkoholkonsum begonnen haben und sich auf dem besten Weg zum Alkoholiker befinden.

Junge Fahrer sind nicht nur häufig schuld an Unfällen. Wenn sie wegen einer Trunkenheitsfahrt den Führerschein verloren haben, lassen sie sich davon oft wenig beeindrucken und werden rückfällig; da spielt es keine Rolle, daß sie durch ihren Leichtsinn sich selbst geschadet haben und noch jahrelang Raten für ihr zu Schrott gefahrenes Auto zahlen müssen.

Je älter Kraftfahrer sind, desto eher werden sie durch Strafe und Führerscheinverlust davon abgehalten, sich angetrunken ans Steuer zu setzen. Doch sind längst nicht alle zu der notwendigen Verhaltensänderung bereit oder in der Lage. Gerade für sehr starke Trinker gibt es nur eines: grundsätzlich auf Alkohol zu verzichten. Es reicht in solchen Fällen nicht aus, sich um eine Trennung von Trinken und Fahren zu bemühen.

Die gesetzlichen und rechtlichen Grenzwerte von 0,8 Promille für relative und 1,1 Promille für absolute Fahruntüchtigkeit sind, gemessen an den Erfordernissen der Verkehrssicherheit, leider viel zu hoch. Die Masse der Verkehrsteilnehmer hat gewiß bei einzelnen Anlässen schon mal zuviel getrunken, um noch sicher zu fahren, ohne sich jedoch strafbar gemacht zu haben.

Alkohol verbessert die Stimmung. Aber er wirkt sich meistens schon auf das Fahrverhalten aus, ehe sich die fröhliche Laune bemerkbar macht. Der Fahrstil wird nachlässiger, die Anzahl riskanter Fahrmanöver steigt. Ab einer Blutalkoholkonzentration von etwa 0,8 Promille verhindert der "Tunnelblick", daß Fußgänger auf dem Bürgersteig oder aus Seitenstraßen kommende Fahrzeuge rechtzeitig erkannt werden. Natürlich registrieren viele Fahrer dieses Handikap nicht, weil sie Routineaufgaben wie z. B. Ein- und Ausparken noch verhältnismäßig gut beherrschen.

Die wirkliche Gefahr tritt bei einer nicht vorgesehenen Situation im rollenden Verkehr ein.

Dann bewältigen alkoholisierte Fahrer wegen ihres eingeengten Blickfeldes und des verzögerten Reaktionsvermögens das Geschehen nicht mehr. Typischerweise suchen sie den Fehler bei anderen – die vernünftige Selbsteinschätzung ist ebenfalls auf der Strecke geblieben. So kommt es trotz der eingeschränkten Verkehrstüchtigkeit auch zu manchmal abenteuerlichen Fahrmanövern.

Wissenschaftliche Untersuchungen beweisen, daß bereits bei einem Alkoholpegel zwischen 0,3 und 0,4 Promille sich nicht nur die Leistungsfähigkeit, sondern auch das Verkehrsverhalten negativ verändert, und zwar bei Geselligkeitstrinkern ebenso wie bei denen, die meinen, sie seien "besonders trinkfest". Weil der Alkohol jedoch die Fähigkeit zur Selbstkritik einschränkt, sind sie sich des erhöhten Unfallrisikos – ab etwa 0,5 Promille hat es sich schon verdoppelt, ab etwa 1,0 Promille gar vervierfacht – nicht bewußt. Mit 1,5 Promille Alkohol im Blut ist das Risiko, tödlich zu verunglücken, 200 mal größer als bei nüchternen Personen!

Diese Sachverhalte verbieten, das Fahren nach reichlichem Alkoholgenuß als Kavaliersdelikt zu betrachten. Die Unfallstatistiken zeigen, welch große Gefahr alkoholisierte Fahrer für sich selbst und für andere bedeuten. Viele Verkehrsopfer sind Alkoholopfer.

Grundsätzlich sollen verantwortungsvolle Fahrer am besten ganz auf Alkohol verzichten, wenn sie noch ein Fahrzeug lenken wollen. Die eigene Einschätzung trügt gerade bei starken Trinkern. Die Behauptung "Ich habe alles unter Kontrolle" hat schon manchen fröhlichen Zecher auf dem kürzesten Weg ins Krankenhaus – oder auf den Friedhof – gebracht; leider auch viele Unfallopfer, die selbst nur Saft, Wasser oder Cola getrunken hatten.

> Anmerkung zum Schluß, besonders für junge Fahrer bestimmt: Alkoholisierte Menschen lernen schlechter als nüchterne! Abgesehen vom erhöhten Unfallrisiko bleibt man, auch wenn man sich oft ans Steuer setzt, viel länger ein Fahranfänger!

Licht - Sicht - Sicherheit

Prof. Dr. Wolfgang Schneider

Wie oft hat man gehört, Fußgänger sollten helle Kleidung tragen, wenn sie sich im Dunkeln in den Verkehr begeben! Und doch folgen gerade ältere Menschen dieser Empfehlung nicht. Sie können sich offenbar nicht vorstellen, vor einem dunklen Hintergrund unsichtbar zu sein. Denn bei Tage und vor dem Spiegel hebt sich die dunkle Kleidung doch deutlich vom Umfeld ab! Der Fachmann sagt: Weil der Kontrast zur Umgebung groß ist – darauf kommt es nämlich an. Bei Dunkelheit fehlt dieser Kontrast.

Der gute Rat, helle Kleidung zu tragen, wurde (so wird es wenigstens berichtet) erstmals 1940 in England ausgesprochen, als wegen der Luftangriffe die "totale Verdunklung" angeordnet war; mehr Fußgänger seien im Verkehr als durch Feindeinwirkung zu Tode gekommen, heißt es. Mit heller Kleidung sollte damals ein Minimum an Sicherheit erreicht werden.

Fast jeder kennt aus dem Verkehrsbetrieb auf der Straße Polizeibeamte oder Arbeiter in einer typischen Warnweste mit rückleuchtenden Streifen. Vergleichen wir diesen auffallend gekleideten Menschen mit dem dunkel angezogenen Fußgänger auf der dunklen Landstraße: Selbst wenn er vorschriftsmäßig links am Fahrbahnrand geht, also dem Autofahrer dort entgegenkommt, wo dessen Fahrlicht (Abblendlicht) am weitesten nach vorn reicht, ist er allenfalls bei einer Entfernung von 40 Metern zu erkennen. Bei 60 Metern Entfernung läßt er sich höchstens erahnen ("Da ist doch was?").

Einen Menschen mit Warnweste bemerkt man dagegen bereits in etwa 500 Meter Entfernung zum erstenmal. Selbst bei Regenwetter sind es noch 300 Meter. Diesen Unterschied in der Sicherheit kann sich jeder Fußgänger auch verschaffen. Zum Beispiel mit rückstrahlenden Blinkern, wie sie schon an vielen Schultaschen von Kindern leuchten. Auch Erwachsene sollten sich mit solchen retroreflektierenden Signalen schützen. Übrigens gilt, was ebenfalls längst nicht jeder weiß: Wer sein Fahrzeug beruflich nutzt, muß eine reflektierende Warnweste mitführen!

Nicht nur Fußgänger, auch Autofahrer können mehr tun, um Unfällen bei Dunkelheit vorzubeugen. Die Sicht aus dem Fahrzeug ist leider sehr oft unnötig beeinträchtigt, weil

➢ die Scheinwerfer nicht genügend Licht abgeben; sie halten unter Umständen bis zu 30 Prozent des Lichtes zurück.

Serviceteil

➤ der Schmutz auf der Windschutzscheibe (außen und innen) und ihre Oberflächenbeschädigungen die Kontraste auf der Straße abschwächen. Verschlissene Scheiben müssen deshalb ausgetauscht werden.

Auf den Scheiben im Innenraum bildet sich ein besonders gleichmäßiger Schmutzfilm. Bei neuen Fahrzeugen lagern sich dort zusätzlich Ausdünstungen der Plastikmaterialien ("Weichmacher") ab. Wenn im Fahrzeug geraucht wird, kommt es durch den Qualm ebenfalls zu einem gefährlichen Schleier auf den Scheiben. Beides zusammen kann die Nachtsicht so verschlechtern, daß man eigentlich nur noch mit 30 km/h fahren dürfte – eine Forderung, die das Oberlandesgericht Hamm vor einigen Jahren per Gerichtsurteil aufstellte. Weil das aber nicht wirklich möglich ist, bleibt nur übrig: Jede Woche mindestens einmal die Scheiben reinigen! Die Weichmacher lassen sich übrigens nur mit Spezialreinigern und am besten mit einem geeigneten Schwamm entfernen.

Diese Wirkung, der Schleier vor den Augen des Fahrers, ist nur die eine Seite des Problems, die andere: Blendung durch entgegenkommende Fahrzeuge! Auch dabei verstärken Kratzer und Krater in der Windschutzscheibe das Risiko. Die Krater sehen zwar erst beim Blick durch die Lupe so aus, wie es der Name sagt. Aber die unangenehmen kleinen Pünktchen auf (in!) der Windschutzscheibe lassen sich nicht wegpolieren. Sie strahlen bei Gegenlicht hell auf wie selbstleuchtende Sterne am klaren Nachthimmel.

Ist das ein ernstes Sicherheitsproblem? Die Antwort heißt eindeutig: Ja! Das Argument von Autofahrern nach einem Unfall, sie seien geblendet worden, ist nicht immer stichhaltig: Blendung läßt sich vermeiden! Durch eine gut geputzte und unbeschädigte Scheibe kann man problemlos an einer hellen Lichtquelle vorbeisehen, weil kein Streulicht entsteht: der Beitrag der sauberen, unverkratzten Windschutzscheibe für die Sicherheit!

Ihre spezielle Bedeutung für die Sicherheit bekommen Sehen und Sicht im Dunkeln durch die überdurchschnittliche Gefährlichkeit des nächtlichen Verkehrs. Die Unfallstatistiken belegen, daß die relativ zum Verkehrsaufkommen gemessene Unfallrate für Pkw-Fahrer bei Nacht um 50 Prozent, also auf das Eineinhalbfache, für die Fußgänger sogar auf das Zweieinhalbfache steigt!

Die Gefahren des nächtlichen Straßenverkehrs werden insbesondere von jungen (unerfahrenen) Fahrern (nicht Fahrerinnen!) produziert. Das erlaubt den Schluß: An Mängeln des Sehvermögens, die sich im Laufe des Lebens meist erst spät als verringerte Kontrastwahrnehmung zeigen, liegt es nicht, daß nachts so viele Unfälle passieren. Es liegt am Mißverhältnis zwischen Sichtweite und Bremsweg!
Das wissen – oder spüren zumindest – vor allem diejenigen Autofahrer, die nach einer Krankheit oder altersbedingt im Auge einen Schleier haben, Folge einer Linsen- oder Glaskörpertrübung oder von Schäden im Augenhintergrund. Viele Fahrer mit Sehmängeln wissen um ihr Problem und fahren im Dunkeln langsamer oder gar nicht mehr.
Um ihnen die Teilnahme am motorisierten Straßenverkehr zu erhalten, könnte die Autoindustrie noch einiges tun: Als Sonderausstattung sollte sie auch Mittelklassewagen mit Gasentladungslampen ausrüsten. Damit wird die doppelte Leuchtdichte vor dem Fahrzeug erreicht.

Kinder im Verkehr

Dr. Ingo Pfafferott

Straßenverkehr – ein künstliches Lebensfeld für Kinder

Vom Haus auf den Hof, von den Wegen, die zum Hof führen, auf Straßen, über die man in unbekannte Gegenden gelangt – in diesen Stufen etwa wachsen Kinder in den meisten Teilen der Welt auf. So war es auch bei uns noch bis zur Mitte dieses Jahrhunderts. Doch seitdem hat sich das Lebensfeld "Straße" für Kinder radikal verändert. Sahen sich 1950 noch drei Kinder einem Auto gegenüber, war das Verhältnis 1970 bereits 1:1, und heute gibt es bei uns dreimal mehr Autos als Kinder. Auf den Straßen und den – inzwischen asphaltierten – Wegen sind Kinder ständig mit dem Auto konfrontiert, einem Unfall ausgesetzt und in ihrer Bewegungsfreiheit eingeschränkt. Bis nahezu vor die letzte Haustür ist das Auto vorgedrungen und beansprucht dort den Platz zum Parken, der früher den Kindern zum Spielen zur Verfügung stand. Kinder sind jedoch den vielfältigen Anforderungen des heutigen Straßenverkehrs nicht gewachsen. Sie sind viel weniger anpassungsfähig als viele denken.

Der Straßenverkehr ist ein künstliches System von Regeln und Zeichen, das Erwachsene vorwiegend für Erwachsene gestaltet haben. Die körperliche, motorische und geistige Entwicklung setzt Kindern jedoch natürliche Grenzen für die selbständige Teilnahme am Straßenverkehr – je jünger sie sind, desto mehr. Zunächst sind sie noch klein und können nicht einmal über parkende Autos hinwegsehen. Ihr Blickfeld ist enger als das Erwachsener und schränkt die Möglichkeit, herannahende Fahrzeuge gleichsam aus den Augenwinkeln wahrzunehmen, beträchtlich ein. Zu hören, aus welcher Richtung sich ein Fahrzeug nähert, zu erkennen, wie schnell es fährt, und abzuschätzen, wie lange es braucht, bis es zum Stillstand kommt – alles das ist Kindern nicht von Natur aus mitgegeben, sondern in hohem Maß lern- und erfahrungsabhängig.

Ihre Aufmerksamkeit vom Spiel auf die Gefahren des Straßenverkehrs zu lenken, diese Gefahren überhaupt wahrzunehmen und richtig einzuschätzen und in echten Gefahrensituationen nicht "kopflos" zu reagieren – auch das setzt einen jahrelangen, oft schmerzlichen Erfahrungsprozeß voraus und ist keinem Kind in die Wiege gelegt. Besonders komplexe, unübersichtliche Situationen, die schnelles Wahrnehmen und Reagieren – sogenannte Mehr-

fachhandlungen – verlangen, stellen für Kinder aller Altersstufen eine Überforderung dar. Die Unfälle, in die sie verwickelt werden, spiegeln denn auch wider, in welcher Form Kinder der verschiedenen Altersstufen am Verkehr teilnehmen und in welche Situationen sie typischerweise geraten.

Verkehrsteilnahme und Unfälle der verschiedenen Altersstufen

In den ersten Lebensjahren, in denen Kinder buchstäblich noch nicht auf eigenen Füßen stehen, verunglücken sie am ehesten als Mitfahrer im Auto – meistens in dem der Eltern. Wären mehr Kinder, ausnahmslos bei jeder Fahrt, vorschriftsmäßig gesichert (im Kindersitz oder zumindest im Erwachsenengurt), ließen sich viele schwere und tödliche Verletzungen vermeiden. Kinder, besonders Mädchen, werden heute viel häufiger im Auto mitgenommen, als das früher der Fall war. Dementsprechend ist der Anteil von Mitfahrerunfällen gestiegen. Für Kinder im Vorschulalter ist das Auto sogar der "Unfallort Nr. 1!".

Das Risiko, als Fußgänger im Verkehr verletzt zu werden, nimmt vom zweiten Lebensjahr an stetig zu und erreicht seinen Höchstwert mit sieben Jahren, wenn aus den Kindern Schüler geworden sind. Der Eintritt in die Schule hat die Kinder innerhalb weniger Monate unabhängiger gemacht von der elterlichen Aufsicht. Frühere Regeln und Absprachen zwischen Eltern und Kind verlieren – oft viel zu schnell – ihre Gültigkeit. Die meisten Unfälle passieren aber nicht – wie man meinen sollte – auf dem Schulweg, sondern nachmittags, beim Spielen mit anderen Kindern auf der Straße oder am Straßenrand, oft ganz in der Nähe der elterlichen Wohnung. Mindestens bis zum Ende der Grundschulzeit übt die Straße vor dem Haus eine große Anziehung auf Kinder aus. Hier trifft man andere Kinder, spielt zusammen, erobert sich das nähere und weitere Umfeld.

Mit zunehmendem Alter der Kinder wächst die Bedeutung des Fahrrades, zunächst noch ganz als Spielzeug, später als Verkehrsmittel, mit dem man mehr und mehr verwächst. Aber auch das Unfallrisiko steigt von Jahr zu Jahr an. Die große Geschicklichkeit, die Kinder oft schon ab Ende der Kindergartenzeit im Umgang mit dem Rad an den Tag legen, täuscht allzu leicht darüber hinweg, daß sie die elementaren Verkehrsregeln für das Radfahren meist noch nicht beherrschen.

Besonders wenn sie in unübersichtliche oder gar brenzlige Verkehrssituationen geraten, werden sie schnell unsicher. Auch größere Kinder sind längst nicht allen Anforderungen gewachsen, die sich Radfahrern im heutigen Straßenverkehr stellen. Die Unfallzahlen lassen erkennen, daß es Kinder, im Vertrauen auf die inzwischen erlangte "Reife", oft an Vorsicht missen lassen. Das gilt auch für viele Eltern, die oft gar nicht wissen, in welche gefahrvollen Manöver sich ihre Sprößlinge hineinwagen.

Das unterschiedliche Risiko von Mädchen und Jungen bis zum Erwachsenenalter

Aufschlußreich ist das unterschiedliche Unfallrisiko von Mädchen und Jungen. Beim Mitfahren im Auto ist das Risiko der Mädchen zwar etwas größer als das der Jungen. Als Fußgänger (was bei Kindern meist heißen muß: als Fußballer, Rollerskate-Fahrer usw.) besitzen Jungen jedoch ein um fast 50 Pro-

zent höheres Risiko als Mädchen; als Radfahrer sind sie sogar mehr als doppelt so stark gefährdet. Das bedeutet: Je aktiver die Art der Verkehrsteilnahme, desto größer das Risiko für Jungen. Hierin kommen geschlechtsspezifische Unterschiede zum Ausdruck, die in erster Linie auf erlerntes Rollenverhalten, das den Jungen, auch im Straßenverkehr, noch immer mehr Aktivität, Risikobereitschaft und Gefahrenbewältigung "abverlangt" als den Mädchen, zurückgeführt werden. Über das Jugendalter setzen sich diese geschlechtsspezifischen Unterschiede bis zum Erwachsenenalter nahtlos fort und führen, insbesondere bei jungen Motorrad- und Autofahrern, zu Unfallrisiken, die nicht weniger dramatisch sind als die der Kinder.

Beiträge zur Verbesserung der Verkehrssicherheit von Kindern

Trotz der natürlichen Grenzen kindlicher Anpassungsfähigkeit ist das Unfallrisiko für Kinder in den letzten 20 Jahren in der Bundesrepublik (West) nicht mehr gestiegen. Im Gegenteil, das Risiko, bei einem Unfall verletzt zu werden, ist eher geringer geworden. Das Risiko eines tödlichen Unfalls ist sogar auf weniger als ein Drittel der Werte gesunken, die wir am Anfang der 70er Jahre registrieren mußten. Damals stellte die Bundesrepublik das traurige Schlußlicht im europäischen Vergleich der Kinderunfälle dar.

Wie konnte es zu dieser deutlichen Verringerung des Unfallrisikos kommen, wenn die entwicklungsbedingte Anpassungsfähigkeit der Kinder doch begrenzt ist? Zweifellos sind es viele große und kleine Einzelschritte, die dazu beigetragen haben. Im wesentlichen lassen sie sich in drei Bedingungskomplexe zusammenfassen:

(1) Kinder verhalten sich anders

Mit der Zunahme des Verkehrs hat sich der selbständige, oft unkontrollierte Aufenthalt von Kindern im Straßenverkehr reduziert. Eltern und Kinder "respektieren" heute mehr als früher die Grenzen, die der Straßenverkehr den Aktionsräumen der Kinder setzt. Jahrelange Informations- und Überzeugungsarbeit hat offensichtlich Früchte getragen. So sehr dies der Sicherheit der Kinder nützt, so sehr bedauern Pädagogen und andere, die mehr die allgemeine Entwicklung der Kinder im Auge haben, daß dadurch auch Entwicklungsräume und -chancen verlorengegangen sind, besonders für Kinder in den großen Städten. Ein noch ungelöster Zielkonflikt! Nicht unerwähnt bleiben dürfen die verkehrserzieherischen Bemühungen in Elternhaus, Kindergarten und (Grund-)Schule, die heute ein systematischeres Hineinwachsen in den Straßenverkehr gewährleisten als zu Zeiten, als noch zu viel dem Zufall überlassen blieb.

(2) Autofahrer sind vorsichtiger geworden

Das Verhalten vieler Autofahrer ist heute – zumindest dort, wo sich Kinder normalerweise aufhalten – weniger aggressiv, als es früher war. Veränderte Verkehrsgesetze haben dazu beigetragen: der verringerte Vertrauensgrundsatz gegenüber Kindern, der in der Rechtsprechung die Verantwortlichkeit stärker auf den Autofahrer übertragen hat; die Geschwindigkeitsbeschränkungen in Wohngebieten durch Verkehrsberuhigungsmaßnahmen; Maßnahmen zur Schulwegsicherung und anderes mehr. So sind diejenigen, von denen die eigentliche Gefahr für das Leben und die Gesundheit der Kinder ausgeht, heute mehr als früher darauf eingestellt, sich Kindern gegenüber rücksichtsvoll zu verhalten. Neue Gesetze setzen neue Verhaltensmaßstäbe.

(3) Unfallfolgen sind weniger schwer

Kinderunfälle gehen heute glimpflicher aus als früher. Zum einen liegt das an den verringerten Fahr- und Kollisionsgeschwindigkeiten. Auch die Form und Gestaltung heutiger Autos sind – biomechanisch betrachtet – weniger "aggressiv", als sie einmal waren. Moderne Autos sind runder, "weicher" und flacher. Das schnellere Eintreffen von Rettungsfahrzeugen und früher eingeleitete ärztliche Hilfe haben zudem, besonders für Kinder, die Überlebenschance erheblich erhöht. Und natürlich schützen altersgerechte Sitze und Gurte Kinder vor schlimmen Unfallfolgen. Anfang der 70er Jahre war deren Benutzung noch eine ausgesprochene Seltenheit!

Aufgaben für die Zukunft

So sehr sich die Situation für Kinder im Straßenverkehr aus statistischer Sicht verbessert hat – die Hände in den Schoß legen können und dürfen wir noch lange nicht. Allein auf den Straßen der alten Bundesrepublik verunglücken noch heute Tag für Tag über 100 Kinder, und noch immer fällt fast jeden Tag ein Kind dem Verkehrstod zum Opfer.

In den neuen Bundesländern ist das Unfallrisiko für Kinder seit der Wiedervereinigung sogar dramatisch angestiegen. Es liegt heute deutlich über dem der Kinder im Westen Deutschlands. Veränderte Verkehrsregeln, der sprunghaft angestiegene Verkehr, veränderte Verhaltensweisen der Autofahrer, die vielen Baustellen, die oft zum Ausweichen auf die Straße zwingen – all das überfordert bereits Erwachsene, erst recht natürlich Kinder. Wie im Westen der Bundesrepublik liegt daher der Schlüssel zur Erhöhung der Verkehrssicherheit auch in den neuen Ländern zuallererst in der Verbesserung der Verkehrsverhältnisse und im Verhalten der Erwachsenen. Wenn es gelingt, im Zielkonflikt zwischen Erhalt von Leben und Gesundheit auf der einen Seite und einem ausreichenden Angebot von Spiel- und Entwicklungsräumen anderseits, flächendeckende Lösungen zu finden, sieht die Zukunft unserer Kinder besser aus!

Parlamente für Kinder

Annegret Krauskopf

Für mich sind die Vorschulparlamente ein Teil meines Lebens, und dieser Idee gebe ich noch viele Jahre. Es wird immer notwendiger, Sicherheitsarbeit für Kinder zu tun. Sie werden fragen, was Vorschulparlamente sind. Nun, das ist eine ziemlich einmalige Bürgerinitiative in deutschen Landen. Seit 1978 – und so lange bin ich auch schon dabei – arbeiten in mittlerweile 36 deutschen Städten, darunter fünf in den neuen Ländern, Frauen und Männer ehrenamtlich für die Verbesserung der Kinderverkehrssicherheit.

Ich bin selbst Leiterin eines großen Dortmunder Kindergartens und war sofort begeistert, als ich auf das Vorhaben aufmerksam wurde, örtliche Zusammenschlüsse aus Erzieherinnen, Eltern und Verkehrssicherheitsfachleuten zu bilden, die sich um die Vorschulkinder kümmern sollten.

Da hatten sich die Deutsche Verkehrswacht und die Mercedes-Benz AG entschlossen, ein Förderungswerk zu gründen und so eine kontinuierliche Arbeit vor Ort möglich zu machen. Die Verkehrswacht brachte das nötige Fachwissen mit, die Mercedes-Benz AG stellte das Know-how auf dem Gebiet der Verkehrssicherheit und die erforderlichen Mittel zur Verfügung. In den einzelnen Städten wurden Bürger motiviert, spezielle Probleme ihrer Städte auf diesem Felde aufzugreifen und überall dort zu helfen, wo die Mittel der öffentlichen Hand, die ja immer knapper werden, nicht ausreichen.

Was die wenigsten für möglich gehalten hätten, geschah. Die Vorschulparlamente, wie man die örtlichen Zusammenschlüsse bald

Schulung kleiner Kinder im Straßenverkehr, um sie vor Überforderung und Fehleinschätzungen zu schützen

Serviceteil

Info-Stand am Tag der Offenen Tür, in Zusammenarbeit mit Mercedes-Benz.

nannte, wurden zur Lobby für die Kinder, entwickelten zahlreiche Einfälle gegen Unfälle, schlossen sich, da sie immer mehr wurden, zu Regionen zusammen, trafen sich regelmäßig bei Bundestreffen zum Gedankenaustausch und wählten mich vor nunmehr 12 Jahren zur Bundessprecherin.

Es ist erstaunlich, daß mehr als 15 Jahre nach Gründung der ersten Vorschulparlamente die Einfälle noch immer nicht abnehmen. Am Anfang standen Erzieherinnen-Eltern-Kind-Seminare, die in vielen Städten dazu beigetragen haben, daß es an Multiplikatoren für die Verkehrssicherheitsbotschaft im Vorschulbereich nicht mehr fehlt. Ausländer-Seminare kamen hinzu, als den Vorschulparlamenten deutlich wurde, wie stark Ausländerkinder am Unfallgeschehen beteiligt sind. Seminar-Angebote für Behinderte sollen einer weiteren Gefährdetengruppe helfen.

Vorschulparlamente kämpfen schon lange für mehr Tempo-30-Zonen. Sie haben über Jahre hinweg die Politiker gemahnt, das Anlegen von Kinderrückhalte-Systemen verbindlich zu machen, haben mit Gurtschlitten-Aktionen in der Bevölkerung dafür geworben, haben Kindersitz-Tauschbörsen eingeführt, um so das Argument, immer neue Rückhaltesysteme für jede Altersstufe seien zu teuer, zu entkräften. Als praktische Hilfe wird bei solchen Tauschbörsen begrüßt, wenn die Eltern ihren Nachwuchs mitnehmen und so das Kind probesitzen lassen. Wir lehren sie, darauf zu achten, daß der Gurt funktionsgerecht über Becken,

Elterninitiativen arbeiten mit Ideen und System.

Oberkörper und Schulter verläuft. Wichtig ist auch darauf zu achten, welches Kinderschutz-System werkseitig für Ihren Pkw empfohlen wird. Kindersitze sollten einfach aus- und einzubauen sein. Wir sagen den Eltern, daß sie die Montage am besten beim Kauf oder Tausch ausprobieren. Gebrauchte Sitze müssen das ECE-Zeichen haben und fachmännisch geprüft sein. TÜV oder DEKRA helfen bei Fragen weiter.

Vorschulparlamente haben auf zahlreichen Veranstaltungen mit Info-Ständen zur Unterrichtung der Bevölkerung beigetragen, haben Kinderfeste und Tage der Offenen Tür, oft in Zusammenarbeit mit den Mercedes-Benz-Niederlassungen, veranstaltet.

Vorschulparlamente arbeiten jetzt an der Entwicklung eines sensomotorischen Übungspfades, der helfen soll, die speziellen Fähigkeiten kleiner Kinder deutlicher zu erkennen und sie vor Überforderung im Straßenverkehr als Folge übertriebener Erwartungen zu schützen.

Auf allen Ebenen sind Vorschulparlamente längst Gesprächspartner der Politik. Auf der kommunalen Ebene wissen sie, wo Tempo-30-Zonen zu empfehlen sind, und verfolgen mit Hartnäckigkeit, daß die Städte nicht über diese Empfehlungen hinweghören. Vorschulparlamente haben eben jetzt begonnen, überall, auch auf Bundesebene, Runde Tische zu etablieren, an denen sie mit allen, die sich für Sicherheit verantwortlich fühlen, reden und gemeinsam in der Öffentlichkeit wirken.

Serviceteil

Das Vorschulparlament-Logo.

kanntschaften vermittelte, die in einer ganzen Reihe von Fällen sich zu Freundschaften fortentwickelten. Und da, wo Sprachlosigkeit den deutsch-deutschen Dialog behindert, zeigen die Vorschulparlamente mit ihrem gemeinsamen Thema, Kinderleben zu retten, daß man mit einem so menschenfreundlichen Ansatz über viel Trennendes hinwegkommt.

Die Vorschulparlamente des Mercedes-Förderungswerks "Verkehrssicherheit für Kinder" sind aus der Verkehrssicherheitsszene schon längst nicht mehr wegzudenken. Und ich freue mich jeden Tag, daß ich da mitarbeiten darf.

Wenn Sie in einem Vorschulparlament Ihrer Stadt mitarbeiten wollen, erfahren Sie alles Wichtige über die Zentrale:

Ich gerate ins Schwärmen, weil ich selbst immer wieder staune, daß diese Bürgerinitiative, zu der auch heute noch neu gegründete Vorschulparlamente hinzustoßen, so frisches Leben zeigt. Ich sage freimütig, daß mir die Arbeit mit inzwischen bald 1000 Menschen in ganz Deutschland auch nach so vielen Jahren noch Freude macht – und daß sie mir Be-

**Mercedes-Förderungswerk
Verkehrssicherheit für Kinder
Hermann-Josef-Schmitt-Straße 2
50827 Köln**

Schüler lotsen Schüler im Verkehr
Eine Initiative der Deutschen Verkehrswacht

Der Schülerlotsendienst in Deutschland konnte 1993 sein vierzigjähriges Jubiläum feiern. Dabei wurde an den 14. Januar 1953 gedacht, den Tag, an dem der damalige Bundesverkehrsminister Dr. Ing. Hans-Christoph Seebohm auf einer Pressekonferenz in Bonn das damals neue Gesetz zur Sicherung des Straßenverkehrs erläuterte und gleichzeitig die Einführung des Schülerlotsendienstes "auch in Westdeutschland nebst Westberlin" verkündete. Ermöglicht hatte diesen bundesweiten Start einer Einrichtung, von der in der Folgezeit Millionen von Kindern und Jugendlichen profitieren, deren damaliger Generaldirektor, Konsul Vietger. Er hatte für diesen Zweck die stolze Summe von 300.000 DM zur Verfügung gestellt – ein Wert, der nach heutigem Geld ein Mehrfaches ausmachen würde.

Die Bundesverkehrswacht, wie der Dachverband der Verkehrswachten damals hieß, präzisierte zeitgleich, daß zur Ausrüstung der Schülerlotsen "ein weißer Leibriemen mit Koppelschloß und Schulter-Bandoliere, ein Winkerstab (rot-weiße Kelle) und ein Patrouillenbuch" gehören. In dieser Form hat der Schülerlotse Eingang in das Verkehrszeichen 356 der Straßenverkehrsordnung (StVO) gefunden, bis er dort vor kurzem durch den allgemeineren Begriff des" Verkehrshelfers" ersetzt wurde.

In der ehemaligen DDR gab es ebenfalls Schülerlotsen. Sie waren in ihrer praktischen Arbeit und bis zur Einführung der orangefarbenen Sicherheitskleidung in den alten Bundesländern Mitte der achtziger Jahre auch rein äußerlich den westdeutschen zum Verwechseln ähnlich. Weißer Umhang, weißes Käppi, weiße Stulpen, weißer Stab – so standen an die 10.000 DDR-Schülerlotsen, wie ihre bis zu 80.000 Kollegen

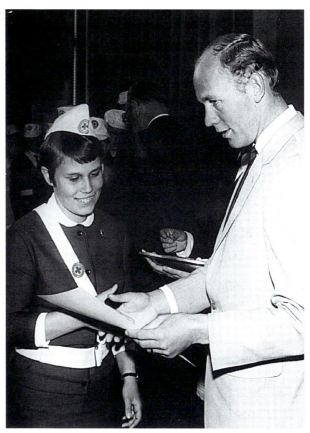

Schülerlotse früher ...

in der alten Bundesrepublik, allmorgendlich an den Unterrichtstagen auf Posten.

Die wichtigste Aufgabe der Schülerlotsen war und ist es, jüngeren und im Straßenverkehr unerfahrenen Schülern das sichere Überqueren an gefährlichen Stellen zu sichern. Diese Tätigkeit erfordert ein umsichtiges Verhalten gegenüber allen Verkehrsteilnehmern. Schülerlotsen sind keine Polizisten. Ihre Aufgaben sind weder die Ahndung von Verstößen gegen die StVO noch das regelnde Eingreifen in den fließenden Verkehr. Auf welche Weise Schülerlotsen anderen Schülern die Überquerung der Fahrbahn ermög-

Serviceteil

... und heute.

lichen sollen, ist in den meisten Regelungen der dafür zuständigen Bundesländer nur grob skizziert. Der nordrhein-westfälische Erlaß sagt zum Beispiel aus, daß der Schülerlotse

- nicht regelnd in den Verkehr eingreifen darf,
- zum Überqueren der Fahrbahn ausreichende Zeitlücken abwarten muß,
- die Absicht, daß Schüler die Fahrbahn überqueren wollen, durch die Winkerkelle rechtzeitig und unmißverständlich bekannt gibt und
- danach die Schüler möglichst in Gruppen über die Fahrbahn führt.

Wesentlich für die Tätigkeit des Schülerlotsen ist auch seine Vorbildfunktion für die jungen Verkehrsteilnehmer, die sich nicht auf die "Dienstzeiten" beschränken sollte.
Durch Erlasse der Länder ist festgelegt, daß Schülerlotsen mindestens 13 Jahre alt sein und wenigstens die 7. Klasse besuchen müssen. Nur Schüler, die sich freiwillig für den Schülerlotsendienst zur Verfügung stellen, können eingesetzt werden. Hierzu sollen die Erziehungsberechtigten auch über die Tätigkeit und die damit verbundenen Konsequenzen (Dienstzeiten, Dauer der Ausbildung etc.) informiert sein und frühzeitig ihr Einverständnis schriftlich erklären. Die Auswahl der Schülerlotsen fällt dann in den Verantwortungsbereich der schulischen Lehrkräfte. Sie wissen am besten, welcher ihrer Schüler für diese Aufgabe geeignet ist und mit Konzentrationsfähigkeit, Verantwortungsbewußtsein und Umsichtigkeit über die erforderlichen Eigenschaften verfügt.

Die Anfänge des Schülerlotsendienstes reichen noch weiter als bis ins Jahr 1953 zurück, nämlich in die 20er Jahre. In den USA, aus denen so vieles zu uns gekommen ist, was mit dem Auto und der Massenmotorisierung zusammenhängt, stammt auch die Schülerlotsen-Idee – und ihre praktische Bewährung. Lehrer, Polizeibeamte und Mitarbeiter der "American Automobile Association (AAA)", des Dachverbandes der US-amerikanischen Automobilclubs, machten die Städte Newark/New Jersey, Chicago/Illinois und Detroit/Michigan zu Pionierstädten der "School Traffic Control Patrols", des US-amerikanischen Schülerlotsendienstes. Das Jahr 1928, als bei der AAA eine Abteilung errichtet wurde, deren Aufgabe u. a. die Organisation des Schülerlotsendienstes war, kann als das Geburtsjahr dieser Einrichtung in den USA bezeichnet werden.

Die Idee strahlte in eine Reihe anderer Länder aus, deren Verkehrsentwicklung "amerikanische" Dimensionen annahm: Kanada, Australien, Neuseeland. Im Gefolge des 2. Weltkrieges brachten dann amerikanische Besatzungstruppen den Schülerlotsen-Gedanken nach Japan – und schließlich nach Deutschland.

In Kornwestheim bei Stuttgart verlangte die amerikanische Besatzungsbehörde bei Wiederaufnahme des Schulbetriebs nach dem Krieg, daß die Schüler beim Verlassen des Schulhauses selbst für Ordnung zu sorgen hätten. So etwas war indessen in der Gegend nicht unbekannt: Schon Ende der 20er Jahre, also etwa zu dem Zeitpunkt, als in den USA die ersten Schülerlotsen im Straßenbild auftauchten, hatten in Deutschland verschiedentlich Schulhäuser, die

an stark befahrenen Straßen lagen, Abschrankungen erhalten, die dem Schutz der Schüler dienten. Ordnungsschüler sorgten dafür, daß diese Schranken nicht zu Turnübungen zweckentfremdet wurden. Jetzt aber, bei Wiederaufnahme des Schulbetriebs nach dem Krieg, weitete sich das Betätigungsfeld der früheren Ordnungsschüler über die "Abschrankung" hinaus aus.

So wurde am 11.1.1949 beispielsweise in Kornwestheim ein „Schülerverkehrsdienst" der Presse und dem Rundfunk vorgestellt, was eine breitere Öffentlichkeit auf diese Einrichtung aufmerksam machte. In der Folgezeit wurde aus dem Schülerverkehrsdienst der Schülerlotsendienst, und nachdem in anderen Städten Verkehrswachten gegründet worden waren, wurden auch dort Schülerlotsendienste nach dem Kornwestheimer Vorbild aufgebaut. Belegt sind Köln im November 1951 und Düsseldorf im April 1952, wo gleich an 96 Einsatzstellen mit 307 Schülerlotsen begonnen wurde.

In Hamburg, wo dann 1953 der Schülerlotsendienst eingerichtet wurde, gab es bald auch aus der gemeinsamen Aufgabe heraus weiterführende Kontakte. Einer der Schülerlotsen der ersten Stunde in der Hansestadt, Gundolf Matz, erinnert sich:

"Sehr schnell hatte sich unter den Schulen mit Schülerlotsen eine übergreifende Organisation gebildet. Jede Schule schickte einen Schülerlotsen zum 'Schülerlotsenparlament', das sich einmal monatlich zum Erfahrungsaustausch traf. Daraus bildeten sich bald stadtweit Freundschaften, die auch zu Freizeitunternehmungen führten. Dann wurden die Verbindungen städteübergreifend ausgebaut."

Die damaligen Hamburger Schülerlotsen trafen sich nach ihrer Schulentlassung in der Jugendverkehrswacht Hamburg wieder, zu deren viel-

seitigen Freizeitaktivitäten auch die Gründung eines Schülerlotsen-Chores gehörte. In Altenheimen fanden Veranstaltungen statt, unfallgeschädigte Kinder wurden betreut, und bei anderen Jugendgruppen wurden Filmabende zur Verkehrsaufklärung durchgeführt.

Heute erfährt der Schülerlotsendienst in den neuen Bundesländern eine gegenläufige Entwicklung.

Mit der DDR lösten sich dort auch alle Strukturen auf, in welche die Schülerlotsen eingebunden waren: betriebliche "Verkehrssicherheitsaktivs" und "Verkehrssicherheits-Zentren", in denen von technischen Überprüfungen bis hin zu Schulungen von Verkehrsteilnehmern vieles geboten wurde, was das Angenehme (Information und Hilfe) mit dem Nützlichen ("gesellschaftliche" Pluspunkte) verband, und aus denen die erwachsenen Betreuer der Schülerlotsen gekommen waren, verschwanden ebenso wie die an den Schulen installierten Direktoren "für außerunterrichtliche Tätigkeiten", die für die Schülerlotsen zuständig waren.

So mußte nach 1990 in den fünf neuen Bundesländern und dem Ostteil Berlins beim Wiederaufbau eines Schülerlotsendienstes praktisch von vorn angefangen werden; er ist bis heute noch nicht abgeschlossen.

Erlebniswelten und Fahrverhalten junger Leute

Dr. Horst Schulze

Jugend und gesellschaftlicher Wandel

Der gesellschaftliche Wandel der vergangenen Jahrzehnte hat deutliche Auswirkungen auf die Mobilität der jungen Generation. Nahezu alle wesentlichen Lebensbereiche (Schulen, Arbeits- und Ausbildungsstätten) wurden mehr und mehr aus dem unmittelbaren Wohnumfeld verlagert. Sie sind häufig nicht mehr zu Fuß und oft nur noch umständlich oder gar nicht mehr mit öffentlichen Verkehrsmitteln zu erreichen. Gleichzeitig hat sich auch die Freizeitinfrastruktur und mit ihr das Freizeitverhalten Jugendlicher stark gewandelt. Es sind völlig neue Freizeitmöglichkeiten außerhalb der unmittelbaren Wohnumgebung entstanden, die von den unterschiedlichen Gruppen junger Leute unterschiedlich genutzt werden. Führerscheinerwerb und Autobesitz so früh wie möglich sind damit zu einer bedeutsamen Entwicklungsaufgabe für Heranwachsende geworden.

Unabhängigkeit – Selbständigkeit

Aufgrund des Loslösungsprozesses von der Familie erhält eigene Mobilität für Heranwachsende mehr und mehr die Bedeutung von Unabhängigkeit und Selbständigkeit. Bereits für die Jüngeren eröffnet das Fahren auf dem Fahrrad und später auf motorisierten Zweirädern die Möglichkeit, sich eigenständig neue Aktionsräume zu erschließen und sich dem Zugriff der Erwachsenen zeitweise zu entziehen. Daneben bietet das Fahren die Möglichkeit der Befriedigung so vieler weiterer psychischer Bedürfnisse, daß das Bedürfnis nach Sicherheit häufig allzuleicht in den Hintergrund gerät. Der sorglose, lustbetonte Umgang mit dem Fahrrad bzw. motorisierten Zweirad spiegelt sich alljährlich in der Unfallstatistik der 15- bis 17jährigen wider.

Da das Auto gegenüber dem Fahrrad und dem motorisierten Zweirad einen wesentlich höheren Aktionsradius ermöglicht und gleichzeitig ein Stück mobile Privatsphäre verschafft, wird der Wunsch nach ständiger Verfügbarkeit über ein Auto für die meisten Her-

anwachsenden zu einem zentralen Punkt ihrer Zukunftsperspektive. Hinzu kommt, daß der frühestmögliche Zeitpunkt des Führerscheinerwerbs mit dem Mündigkeitsalter zusammenfällt, wodurch das Autofahren zu einem entscheidenden Demonstrationsmittel des Erwachsenseins wird.

Die überdurchschnittlich hohe Beteiligung der 18- bis 24jährigen an schweren Verkehrsunfällen zeigt jedoch die Kehrseite jugendlicher (Auto-)Mobilität. Das Risiko der jungen Autofahrer, in einen Verkehrsunfall verwickelt zu werden, ist um ein Vielfaches höher als das anderer Altersgruppen. Dieses überhöhte Risiko geht auf das Zusammenwirken vieler ungünstiger Bedingungen zurück, wobei die oft zitierte "Unerfahrenheit am Steuer" längst nicht der ausschlaggebende Punkt ist.

Denn alle Fahranfänger teilen das gemeinsame Schicksal, noch nicht auf einen langjährigen Erfahrungsschatz als Autofahrer zurückblicken zu können. Würde aber Unerfahrenheit am Steuer an sich schon zwangsläufig zu Unfällen führen, müßten wesentlich mehr junge Leute an Unfällen beteiligt sein. Die noch fehlende Erfahrung junger Autofahrer wird erst dann problematisch, wenn sie mit anderen Gefährdungsfaktoren einhergeht, wozu Alkohol, Imponiergehabe, Risikofreude, Erprobungsverhalten und viele weitere Formen des psychologischen Mißbrauchs des Autos gehören.

Geschlecht und Risiko

Das Risiko, in einen Unfall verwickelt zu werden, ist zunächst nicht für alle Fahranfänger gleich hoch. So sind junge Frauen deutlich weniger an schweren Unfällen beteiligt als junge Männer. Das hängt damit zusammen, daß sie gegenüber dem Auto und dem Fahren wesentlich realistischere und sicherheitsbewußtere Einstellungen haben als junge Männer. Für junge Fahrerinnen stehen die praktischen Aspekte des Autos eindeutig im Vordergrund. Sie betrachten das Auto in erster Linie als ein Transportmittel. Deshalb ist es für sie auch eher unwahrscheinlich, daß sie ihr Auto dazu benutzen, sich selbst darzustellen, anderen zu imponieren oder gar Konflikte mit dem Gaspedal lösen zu wollen.

Junge Männer betonen dagegen die gefühlsmäßige Komponente des Autofahrens. Für sie stehen Erregung, Freude und Spaß oft an oberster Stelle. Dementsprechend sind sportlich gestylte Fahrzeuge und riskantes Fahren für junge Männer wesentlich wahrscheinlicher.

Ein weiterer wichtiger geschlechtsspezifischer Unterschied betrifft die Fähigkeit, zwischen Trinken und Fahren zu trennen. Die Bereitschaft, auch im angetrunkenen Zustand noch eine Fahrt mit dem Auto zu wagen, ist bei jungen Männern bedeutend größer als bei jungen Frauen. In der Gruppe der alkoholisierten Verursacher von Unfällen sind junge Frauen nur als eine erfreulich kleine Minderheit vertreten.

Obwohl junge Frauen – verglichen mit jungen Männern – über ein angemesseneres Gefahrenbewußtsein verfügen, scheitern sie als Mitfahrerinnen oft daran, daß es ihnen nicht gelingt, sich in Gruppensituationen durchzusetzen. Es wäre schon viel gewonnen, wenn sie sich stets bewußt machten, daß es schließlich um ihr Leben und ihre Gesundheit geht. Wenn trotzdem alle Techniken, das Fahrgeschehen zu beeinflussen, fehlschlagen, sollten Mitfahrer ohnehin aussteigen oder erst gar nicht einsteigen.

Übrigens unterliegen junge Männer einer Falscheinschätzung, wenn sie glauben, Mädchen/Frauen "stehen" auf Typen, die ihre

Männlichkeit unbedingt beim Autofahren unter Beweis stellen müssen.

Verkehrsverhalten in der Freizeit

Für die genauere Ermittlung des Risikos junger Leute sind Alter und Geschlecht allein aber zu allgemeine und deshalb ungenaue Bestimmungsgrößen. Ein weiterer Grund für die hohe Unfallverwicklung der Fahranfänger besteht in den Umständen, unter denen sie Auto fahren. Junge Leute sind aufgrund ihrer Freizeitinteressen wahre Nachtschwärmer. Entsprechend oft sind sie deshalb auch an nächtlichen Unfällen beteiligt.

Nach einer Analyse der Bundesanstalt für Straßenwesen verunglücken allein in den Nächten zum Samstag und zum Sonntag jeweils zwischen 22.00 und 4.00 Uhr – das heißt, in nur 12 Stunden einer Woche – ein Fünftel aller Fahrer und ein Viertel aller Mitfahrer der Altersgruppe der 18- bis 24jährigen tödlich.

Disco-Unfälle

Unter den Wochenend-Freizeitaktivitäten Jugendlicher nimmt der Diskothekenbesuch die Rolle des Spitzenreiters ein. Woche für Woche ereignen sich schwerste Unfälle im Zusammenhang mit Diskothekenbesuchen. Während eines dreimonatigen bundesweiten Erhebungszeitraums mußten 216 Disco-Unfälle registriert werden, bei denen 64 junge Leute getötet und 484 schwer verletzt wurden.

Die Ursachen für diese Unfälle waren Übermüdung, Ablenkung und Fehleinschätzungen der Fahrphysik und die Alkoholisierung der Fahrer. Die Mehrzahl dieser Unfälle wäre vermeidbar gewesen, wenn die Fahrer sich nüchtern ans Steuer gesetzt hätten.

Wie man lebt, so fährt man

Trotz vergleichbarer Rahmenbedingungen ist das Risiko, auf einer Disco-Fahrt zu verunglücken, nicht für alle jungen Fahrer/innen gleichermaßen groß.
Noch näher an das Risiko bestimmter Gruppen führt die Unterscheidung von Lebens- und Freizeitstil. Bestimmte Faktoren der Freizeitgestaltung in der Gruppe können einen deutlich negativen Einfluß auf den Fahrstil und damit auf das Unfallrisiko haben. Innerhalb der Jugendkultur unterscheiden sich diese Gruppen nach modischen und musikalischen Vorlieben, Freizeitinteressen, Trink- und Konsumgewohnheiten, ihrer Stellung zur Jugend- und Alternativszene und nach der Art und Weise, wie sie ihre Selbstdarstellung inszenieren.

Die Ergebnisse repräsentativer Untersuchungen in den alten und neuen Bundesländern zeigen eindeutige Zusammenhänge zwischen Lebensstil und Verkehrsverhalten. Obwohl die Stilgruppen in Ost und West sehr stark voneinander abweichen, hat sich gezeigt, daß die Zugehörigkeit junger Leute zu solchen Stilgruppen in beiden Teilen des Landes die verkehrsbezogenen Einstellungen und Verhaltensweisen (bis hin zur Unfallverwicklung) deutlich beeinflußt.

Gemessen an verkehrssicherheitsgefährdenden Bedürfnissen nach Spannungssuche, Selbstdarstellung, Imponierenwollen oder Dampf-Ablassen, die mit dem Autofahren verbunden werden, und anderen Faktoren, die

mit einem erhöhten Fahrrisiko einhergehen, erweist sich nur ein Teil der jungen Fahrer/innen, die landauf, landab als besonders gefährdet gelten, als tatsächlich überdurchschnittlich gefährdet.

Diese besonders gefährdeten jungen Leute stellen aber keineswegs eine homogene Gruppe dar. Die Verschiedenartigkeit geht mit spezifischen Sicherheitsrisiken einher.

Für den "Action-Typ" (alte Bundesländer) und den "zurückhaltenden Typ" (neue Bundesländer) z. B. ist das Sicherheitsrisiko etwa gleich groß. Aber die Ursachen für das erhöhte Risiko unterscheiden sich: Der "Action-Typ" ist ein Vielfahrer, der aufgrund seiner Freizeitvorlieben sehr häufig nachts unterwegs ist. Dabei trinkt er von Zeit zu Zeit auch größere Mengen Alkohol. Zudem neigt er dazu, seine Sensationslust beim Autofahren zu befriedigen und das Auto dazu zu mißbrauchen, sich persönlich Kompetenz, Statuszuwachs und Macht zu beweisen.

Demgegenüber rührt die hohe Unfallbeteiligung des "zurückhaltenden Typs" weder von Freizeitgewohnheiten mit erhöhtem Risiko durch nächtliche Freizeitfahrten her noch von ausgeprägtem Alkoholkonsum oder der Befriedigung sicherheitsgefährdender Bedürfnisse beim Fahren. Sein deutlich überhöhtes Risiko entsteht daraus, daß er in puncto Straßenverkehr zu der Auffassung neigt, Fehler machten nur die anderen. Wenn er beim Autofahren die gleiche Zurückhaltung an den Tag legen würde wie ansonsten in seinem Leben, käme er zum Beispiel gar nicht erst in die Situation, beim Überholtwerden auszurasten und deshalb Risiken einzugehen, die er normalerweise nie eingehen würde.

Der Erfolg zukünftiger Maßnahmen zur Erhöhung der Verkehrssicherheit junger Leute wird deshalb entscheidend davon abhängen, wie gut es der Verkehrssicherheitsarbeit gelingt, den unterschiedlichsten Gruppen junger Leute mit ihren jeweiligen Sicherheitsrisiken die Hilfestellung zukommen zu lassen, die sie am dringendsten benötigen.

Das heißt zum Beispiel für den "Action-Typ", daß er lernen muß, wie er verhindern kann, in Wochenendnächten auf einer Landstraße im angetrunkenen Zustand mit seinem übersetzten Fahrzeug, in dem "Bombenstimmung" herrscht, aus einer langgezogenen Linkskurve herausgetragen zu werden. In diesem Fall muß das Lernziel eindeutig Verunsicherung heißen, weil der "Action Typ" daran krankt, seine Sicherheit höher einzuschätzen als sie tatsächlich ist. Für den "häuslichen Typen" dagegen, der aufgrund seines Lebens- und Freizeitstils niemals in derartige Situationen kommem würde, wäre dieses Lernziel nicht nur vollkommen überflüssig, sondern käme dem Versuch gleich, Feuer mit Benzin löschen zu wollen. Weil nämlich sein elementares Sicherheitsproblem darin besteht, in komplexen Verkehrssituationen wie im dichten Berufs- oder Urlaubsverkehr schnell an die Grenzen seiner Belastbarkeit zu kommen, benötigt er in erster Linie Ermutigung.

Serviceteil

Wie richtet man einen Disco-Bus ein?

"Alles aussteigen". Als um Punkt 24 Uhr auf dem Marktplatz einer süddeutschen Kleinstadt die Bustüren aufgehen, herrscht Gedränge und ein geschäftiges Kommen und Gehen: Während die einen in den nahegelegenen Tanzschuppen strömen, treten die ersten Nachtschwärmer bereits den Heimweg an.

Seit vier Jahren macht der "Disco-Bus" am Samstagabend auch junge Leute aus den umliegenden Ortschaften des Frankenwaldes mobil. Ähnliche Einrichtungen gibt es mittlerweile auch in anderen Orten.

Vor allem in ländlichen Gebieten kann solch ein gut organisierter Pendelverkehr auch für Disco-Fans mit Führerschein eine feine Sache sein: Man braucht die Bierchen nicht zu zählen und kommt für ein Taschengeld auf die Tanzfläche und mit der Clique sicher wieder heim. Doch wie stellt man den Fahrtdienst ins Wochenendvergnügen auf die Beine, wenn die preiswerte "Mitfahrgelegenheit" am Wohnort noch nicht existiert? Bevor es losgehen kann, muß man sich in jedem Fall Verbündete und Geldgeber suchen: Wichtig ist zunächst, daß die örtlichen Politiker und der zuständige Verkehrsbetrieb, der den Disco-Bus betreiben soll, mitspielen. Um sie zu überzeugen, sollte man auf alle Fälle Lehrer, Eltern, Disco-Besitzer oder die örtliche Verkehrswacht "einspannen".

Das schwierigste Problem ist häufig die Finanzierung. Erfahrungen mit funktionierenden Disco-Bussen zeigen, daß nicht nur die Gemeinden bzw. die ÖPNV-Betreiber als Geldgeber in Frage kommen, sondern auch Diskotheken oder am Ort ansässige Unternehmen, die eine nachahmenswerte Aktion sponsern wollen. Bevor der Disco-Bus losfahren kann, sind auch eine Reihe von praktischen Fragen zu klären, zum Beispiel: Welche Route fährt der Bus? Welche Orte werden angefahren? Und zu welchen Zeiten?

Werbung muß natürlich auch sein: Gute Ideen für einen pfiffig gestalteten Handzettel oder Taschen-Fahrplan können dazu beitragen, daß der Disco-Bus ein Erfolg wird. Damit dies auch so bleibt, sind der Phantasie kaum Grenzen gesetzt: Wie wär's denn, wenn es für das Bus-Ticket verbilligten Eintritt in der Disco oder in der Kneipe einen alkoholfreien Drink auf Kosten des Hauses gäbe?
Gerade wenn sich verschiedene Gastronomen und Disco-Besitzer für eine solche Aktion stark machen, ist der "Nachtexpreß" für alle Beteiligten kein teures Vernügen mehr.

Umfassende Tips zum Disco-Bus gibt übrigens die Broschüre "Wie richtet man Disco-Bus-Linien ein?", die beim ADAC Weser-Ems, Bennigsenstr. 2 - 6, 28207 Bremen, zum Preis von 10 DM erhältlich ist.

DVR-Sicherheitstraining

Oldie auf Erfolgskurs

Wie der "7 Sinn" ist auch das DVR-Sicherheitstraining in die Jahre gekommen, ohne an Attraktivität einzubüßen. Seit der Premiere im Jahre 1973 geht die Teilnehmerzahl an dieser Fortbildung für motorisierte Verkehrsteilnehmer konstant nach oben. Zugleich hat sich in den 20 Jahren seit der Einführung das Programm verbessert und den veränderten Rahmenbedingungen angepaßt. Im gesamten Bundesgebiet können die Sicherheitstrainings auf vielen eigenen Plätzen oder mit mobilen Einrichtungen auf freien Plätzen veranstaltet werden. Mitmachen kann jeder, der einen gültigen Führerschein besitzt. Das Fahrzeug muß in verkehrssicherem Zustand und vorschriftsmäßig versichert sein. Die Kosten liegen bei 80 bis 100 DM pro Person (Pkw) und etwa 80 DM (Motorrad).

Daß zwischen der Fahrfähigkeit nach bestandener Führerscheinprüfung und der erforderlichen Fahrfertigkeit ein weiter Weg liegt, merken viele junge Autofahrer leider zu spät. Oft fehlt ihnen ein angemessenes Risikobewußtsein, oder sie mißachten schlichtweg die Gesetze der Fahrphysik. Die steigende Zahl der Teilnehmer an Sicherheitstrainings trägt – so darf man annehmen – mit dazu bei, daß die Zahl der Verkehrsunfallopfer bei den motorisierten Jugendlichen langsam zurückgeht.

Um den langen Erfahrungszeitraum vom Führerscheinneuling bis zum sicheren Autofahrer zu verkürzen, können Pkw-Fahrer und Motorradfahrer auf festen oder mobilen Trainingsplätzen bei einem eintägigen Programm den souveränen Umgang mit dem Fahrzeug einüben und erproben. Ausgeprägtes

Gefahrenbewußtsein und die richtige Reaktion im richtigen Augenblick lassen sich nicht während der Ausbildungszeit als Fahrschüler und einer anschließenden kurzen "Lehrzeit" im Verkehrsgeschehen erlernen. Ein Sicherheitstraining ist der beste Weg, um die fehlende Praxis für Risikositationen auszugleichen. Nicht als sportlicher "Schleuderkurs", nicht als Unterricht für Schnellfahrer wurde die von ausgebildeten Moderatoren geleitete theoretische und praktische Unterweisung aufgebaut. Auf der Grundlage des Fahrschulkönnens geht es vielmehr um die drei Kurzbegriffe:

➢ Gefahren erkennen!
➢ Richtig entscheiden!
➢ Fehler vermeiden!

Alles dreht sich um gefährliche Verkehrs- und Fahrsituationen, die durch eine präzise Beherrschung des Fahrzeugs bewältigt werden. Wichtiger noch: Die Teilnehmer prägen sich ein, daß sie konkrete Gefahren vermei-

Serviceteil

den können, wenn sie Verkehrskonstellationen frühzeitig richtig einschätzen und entsprechend darauf reagieren.

Der Deutsche Verkehrssicherheitsrat koordiniert und betreut das Sicherheitstraining für Pkw-Fahrer und Motorradfahrer, ein Fortbildungsprogramm für motorisierte Zweiradfahrer von 15 bis 18 Jahren sowie ein Sicherheitsprogramm für Lkw-Fahrer und Fahrer von Tankwagen. Er gibt auch die offiziellen Programm-Medien für die Moderatoren und die Teilnehmer heraus. Als Veranstalter des Trainings treten zahlreiche Mitglieder des DVR auf. Auskünfte geben – außer dem DVR selbst – für das Pkw-Training die Automobilclubs ACE, ADAC und AvD sowie die Deutsche Verkehrswacht, die TÜV-Akademie Rheinland und die Stiftung Verkehrssicherheit; für das Motorrad-Sicherheitstraining ACE, ADAC, Deutsche Verkehrswacht, TÜV-Akademie Rheinland, moto-aktiv, Bundesverband der Motorradfahrer BVDM, Stiftung Verkehrssicherheit und Institut für Zweiradsicherheit IfZ.

Ein zweitägiges Fortbildungsprogramm für Fahrer von Mofas, Mopeds und Leichtkrafträdern kann über den ACE, den BVDM, die Deutsche Verkehrswacht und das IfZ gebucht werden. Am Sicherheitsprogramm für Lkw-Fahrer sind die TÜV-Akademie Rheinland und die DEKRA-Akademie beteiligt.

Kontaktadressen im Verzeichnis "Anlaufstellen und Auskünfte", Seiten 167-169.

Elektro-und Solarmobile

Wer hauptsächlich im Stadtbereich unterwegs ist und die Luft nicht mit den Abgasen eines Verbrennungsmotors verpesten will, braucht nicht aufs Autofahren zu verzichten. Elektrofahrzeuge und Solarmobile erfüllen oft den gleichen Zweck, ohne die Umwelt mit so hohen Schadstoffmengen zu belasten. Alle Automobilhersteller erproben bereits Fahrzeuge mit diesen Ersatzenergien: Personenwagen, Kleinlieferfahrzeuge, Großraumlimousinen, aber auch Elektromofas.

Ein E-Mobil schluckt – nach Größe und Leistung unterschiedlich – auf einer 100 Kilometer-Strecke 25 bis 50 Kilowattstunden Strom aus der Antriebsbatterie, die von Zeit zu Zeit nachgeladen werden muß. Das kann an der normalen Steckdose geschehen oder an Elektro-Ladestationen, die es auch schon gibt. Je nach Stromtarif kosten 100 Kilometer mit sauberer Energie bis zu fünf Mark. Beispiel aus einer Versuchsreihe: Ein kleiner Transporter, der bei einem zulässigen Gesamtgewicht von 1800 Kilogramm 450 Kilo zuladen darf, hat eine Reichweite von 160 Kilometern. Dann muß die Batterie nachgeladen werden, sechs Stunden lang. An diesem Handicap aller Elektrofahrzeuge basteln die Ingenieure der Hersteller nach wie vor.

Autos mit Elektroantrieb lassen sich genau so einfach fahren wie „normale": Schlüssel rein, Notschalter raus, Strom geben, schon summt leise der Motor – die Fahrt kann beginnen.

Ähnlich funktionieren Solarmobile, die an Spezialtankstellen Sonnenstrom zapfen können. Beispiel: Ein Kleinstwagen mit 290 kg Leergewicht und 110 kg Nutzlast schafft auf ebener Straße 40 km/h. Seine Batterie ist bereits nach etwa 50 Kilometern leer und braucht dann acht Stunden Ladezeit.

Oft reicht aber die Sonnenenergie allein für den Fahrbetrieb nicht aus, den Löwenanteil muß die Steckdose liefern. Dennoch scheint es, daß die Alternativ-Fahrzeuge Zukunft haben, zumal z.B. einige Landesregierungen den Kauf fördern. Die statistische Tatsache, daß 75 Prozent aller Autofahrten auf Strecken bis zu zehn Kilometern stattfinden, müßte dem Elektrofahrzeug ideale Startchancen bieten. Immerhin reicht da eine Batterieladung mehrere Tage.

Die Vorteile wie
➤ keine Auspuffabgase
➤ hohe Laufruhe
➤ geringe Geräuschentwicklung
➤ niedriger Wartungseinsatz

sind allerdings nicht umsonst zu haben. Außer der geringen Reichweite und der langen Aufladezeit schrecken hohe Anschaffungskosten (die Batterien sind teuer) und der geringe Insassenschutz die potentiellen Käufer ab. Es darf auch nicht verschwiegen werden, daß die E-Mobile zwar umweltfreundlich betrieben werden, aber in der Herstellung und beim Stromerzeuger ebenfalls nicht unbeträchtliche Schadstoffemissionen verursachen; trotzdem könnten sie auf Dauer zum idealen Zweit- und Stadttransportfahrzeug der Zukunft avancieren.

Führerschein und Fahrerlaubnis

Wer auf öffentlichen Wegen und Plätzen ein Kraftfahrzeug führen will, braucht die Erlaubnis der zuständigen Behörde.

Kraftfahrzeuge sind

> - Personenkraftwagen
> - Lastkraftwagen
> - Kraftomnibusse
> - selbstfahrende Arbeitsmaschinen
> - Motorräder
> - Fahrräder mit Hilfsmotor
> - motorisierte Krankenfahrstühle, soweit ihre Bauart eine Höchstgeschwindigkeit von mehr als 10 km/h zuläßt

Mofas gelten als ungefährliche Fahrzeuge, wenn ihre Bauart eine Gewähr dafür bietet, daß die Höchstgeschwindigkeit nicht mehr als 25 km/h auf ebener Bahn mit höchstens 4800 Umdrehungen/min beträgt. Mofafahrer brauchen statt eines Führerscheins eine Prüfbescheinigung; sie wird nach qualifizierter Ausbildung erteilt.

Die Fahrerlaubnis ist in verschiedene Klassen eingeteilt:

Klasse 1: Krafträder mit mehr als 50 cm^3 Hubraum oder bauartbestimmter Höchstgeschwindigkeit von mehr als 50 km/h – gilt auch für Klassen 1a, 1b, 4 und 5

Klasse 1a: Wie Klasse 1, jedoch mit höchstens 20 kW Nennleistung und leistungsbezogenem Leergewicht von mindestens 7 kg/kW – gilt auch für Klassen 1b, 4 und 5

Klasse 1b: Krafträder mit über 50 und höchstens 80 cm^3 Hubraum und bauartbestimmter Höchstgeschwindigkeit von 80 km/h – gilt auch für Klassen 4 und 5

Klasse 2: Lastkraftwagen mit über 7,5 t zulässigem Gesamtgewicht und Lastkraftwagenzüge – gilt auch für Klassen 3, 4 und 5

Klasse 3: Personenkraftwagen – gilt auch für Klassen 4 und 5

Klasse 4: Kleinkrafträder unter 50 cm^3 Hubraum und bauartbestimmter Höchstgeschwindigkeit von 50 km/h und Fahrräder mit Hilfsmotor – gilt auch für Klasse 5

Klasse 5: Krankenfahrstühle mit höchstens zwei Sitzen, höchstens 300 kg Leergewicht und bauartbestimmter Höchstgeschwindigkeit von 30 km/h und langsame Kraftfahrzeuge, die in anderen Klassen nicht erfaßt sind.

Das Mindestalter für die Fahrerlaubnis liegt allgemein für die Klassen 1b, 4 und 5 bei 16 Jahren, für die Klassen 1a und 3 bei 18 Jahren, für die Klasse 1 bei 20 Jahren, für die Klasse 2 bei 21 Jahren, für Mofas bei 15 Jahren.

Für die Klassen 1, 1a, 1b, 2 und 3 wird die erste Fahrerlaubnis auf Probe erteilt. Wenn der Führerscheininhaber innerhalb von zwei Jahren bestimmte Straftaten oder Ordnungswidrigkeiten begeht, muß die Verwaltungsbehörde ihm einen Nachschulungskurs, im Wie-

derholungsfall die erneute Ablegung der Fahrprüfung verordnen. Sie kann auch die Fahrerlaubnis entziehen.

Fällt der Fahranfänger nicht auf, wird seine Fahrerlaubnis nach Ablauf der zwei Jahre endgültig.

Außer der Befähigung zum Kraftfahren in Theorie und Praxis spielt in den Vorschriften auch die körperliche, geistige und charakterliche Eignung eine Rolle. Straftaten, Trunk, Rauschgiftsucht, Roheitsdelikte können die Eignung ebenso ausschließen wie etwa starke Beeinträchtigungen beim Sehen und Hören.

Für seinen theoretischen Kenntnisstand, die körperlichen Voraussetzungen und die praktische Befähigung – man denke an neue technische Entwicklungen im Fahrzeugbau – zur sicheren Teilnahme am Straßenverkehr ist jeder Fahrer selbst verantwortlich. Wer dauernd Verkehrsregeln mißachtet, Verkehrszeichen für sich außer Kraft setzt, angetrunken fährt, steuert mit solcher Einstellung in den Risikobereich derjenigen, die mit ihrem Punktekonto allmählich im Bereich der charakterlich nicht Geeigneten landet.

In Nachschulungskursen für Mehrfachtäter und alkoholauffällige Kraftfahrer wird versucht, durch Gruppengespräche die Teilnehmer zu rücksichtsvollem, risikobewußtem und sicherem Fahren zu motivieren. Diese Kurse werden – z. B. bei weniger als 14 Flensburg-Punkten – durch Fahrlehrer, bei einem Punktekonto über 14 von Psychologen geleitet. Das Angebot soll, ob freiwillig wahrgenommen oder als Folge ständigen Fehlverhaltens von der Behörde angeordnet, als Chance zur Erhaltung der Fahrerlaubnis verstanden werden. Ausführliche Informationen geben Veranstalter (Fahrlehrer, TÜV usw.) sowie die Straßenverkehrsbehörden.

Verkehrssündern, die ihre Eignung als Kraftfahrer in Frage stellen, kann von der Verwaltungsbehörde die Fahrerlaubnis entzogen oder eingeschränkt werden. Der Führerschein muß dann sofort abgeliefert oder zur Eintragung der Auflagen vorgelegt werden. Oft wird die Fahrerlaubnis im Zusammenhang mit einem Strafverfahren entzogen, z.B.

> ➤ wegen fahrlässiger Körperverletzung oder Tötung,
> ➤ Transport von Diebesbeute im Kraftfahrzeug,
> ➤ Überladen des Autos,
> ➤ Überlassen des Autos an einen Betrunkenen oder an eine Person ohne Fahrerlaubnis. Voraussetzung ist die Verurteilung wegen des Delikts; aber auch bei Schuldunfähigkeit kann die Fahrerlaubnis entzogen werden.

Ein richterlicher Beschluß, die Fahrerlaubnis vorläufig zu entziehen, dient als Sofortmaßnahme, um einen wahrscheinlich ungeeigneten Kraftfahrer vom Straßenverkehr fernzuhalten. Diese Beschlagnahme des Führerscheins ist ein vorübergehendes Fahrverbot. Die endgültige Entziehung dagegen hat zur Folge, daß nur durch eine neue Fahrerlaubnis – mit Führerscheinprüfung – der Delinquent jemals wieder ans Lenkrad eines Autos darf. Das Gericht bestimmt bei der endgültigen Entziehung eine Sperrfrist für diese Möglichkeit, die mindestens sechs Monate betragen muß und sogar für immer gelten kann. Bei kürzeren Sperrfristen können Beschuldigte den Zeitraum durch die Teilnahme an einer Nachschulung um zwei bis drei Monate verkürzen.

Ein Fahrverbot kann auch eine im Straßenverkehr begangene Ordnungswidrigkeit ahnden, um leichtsinnige und pflichtvergessene Kraftfahrer zu warnen. Wer mit einem Blutalkoholgehalt von mehr als 0,8 Promille hinter dem Steuer sitzt, muß damit rechnen.

Das ist neu seit April 1993

Kinder unter 12 Jahren oder kleiner als 1,50 m müssen als Mitfahrer im Auto grundsätzlich in speziellen Rückhaltesystemen gesichert sein. Der Verstoß kostet 40 DM Verwarnungsgeld. Zwei sich begegnende Linksabbieger müssen "amerikanisch", also voreinander, abbiegen. Der Verstoß wird mit 80 DM Bußgeld geahndet. Beim Abbiegen, Wenden oder Rückwärtsfahren andere zu riskanten Manövern zu zwingen oder gar einen Schaden zu verursachen, kostet 100 DM Bußgeld. Geschwindigkeitsüberschreitungen werden mit höherem Bußgeld geahndet. Innerorts wird bereits bei Überschreitung der zulässigen Geschwindigkeit von 31 km/h ein Monat Fahrverbot verhängt.

Für Rotlichtverstöße ist ein Gefährdungstatbestand eingeführt worden. Währt die Rotlichtphase länger als eine Sekunde, sind 400 DM Bußgeld und ein Monat Fahrverbot fällig.

Bußgeldkatalog

Geschwindigkeitsüberschreitungen

Kraftfahrzeuge bis 2,8 t zulässigem Gesamtgewicht und Motorräder

Überschreitung in km/h	innerorts DM	außerorts DM	Punkte	Fahrverbot Monate
21 - 25	100	80	1	-
26 - 30	120	100	3	-
31 - 40	200	150	3	1*
41 - 50	250	200	4* 3	1
51 - 60	350	300	4	1
über 60	450	400	4	2* 1

*gilt innerorts

Serviceteil

Abstandsüberschreitungen

Abstand in Metern vom vorausfahrenden Fahrzeug	Regelsatz in DM
bei mehr als 80 km/h	
weniger als 5/10 vom halben Tachowert	**80**
weniger als 4/10	**100**
weniger als 3/10	**150**
weniger als 2/10	**200 und ein Monat Fahrverbot**
bei mehr als 100 km/h	
weniger als 1/10	**250 und ein Monat Fahrverbot**
bei mehr als 130 km/h	
weniger als 5/10 vom halben Tachowert	**100**
weniger als 4/10	**150**
weniger als 3/10	**200**
weniger als 2/10	**250 und ein Monat Fahrverbot**
weniger als 1/10	**300 und ein Monat Fahrverbot**

Bußgeldkatalog

Häufigste Zuwiderhandlungen

VERSTOSS	REGELSATZ IN DM FAHRVERBOT
Gegen Rechtsfahrgebot bei Gegenverkehr, beim Überholtwerden, an Kuppen, in Kurven, bei Unübersichtlichkeit, jemanden gefährdet	**80**
dadurch auf Autobahn/ Kraftfahrstraße jemanden behindert	**80**
Rechts überholt	**100**
bei Unübersichtlichkeit, unklarer Verkehrslage	**100**
dabei Verkehrszeichen usw. nicht befolgt	**150**
➤ mit Gefährdung oder Sachbeschädigung	**250** und ein Monat
Überholt, Verkehrszeichen mißachtet	**80**
Zum Überholen ausgeschert, nachfolgenden Verkehr gefährdet	**80**

Vorfahrt

Vorfahrt nicht beachtet, dadurch Vorfahrtberechtigten gefährdet	**100**

Abbiegen

Abgebogen, anderes Fahrzeug nicht durchgelassen und gefährdet	**80**
Fußgänger gefährdet	**80**

Liegengebliebenes Fahrzeug

nicht gesichert und kenntlich gemacht, dadurch Gefährdung	**80**

Beleuchtung

Trotz erheblicher Sichtbehinderung bei Regen, Nebel, Schneefall außerhalb geschlossener Ortschaft am Tage nicht mit Abblendlicht gefahren	**80**

Autobahnen/Kraftfahrstraßen

Falsche Einfahrt benutzt, andere gefährdet	**100**
Beim Einfahren Vorfahrt nicht beachtet	**100**
Gewendet, rückwärts oder in Gegenrichtung gefahren in Ein- oder Ausfahrt	**100**
auf Nebenfahrbahn oder Seitenstreifen	**200**
auf der durchgehenden Fahrbahn	**300** und ein Monat
Seitenstreifen zum schnelleren Fahren benutzt	**100**

Bahnübergänge

Mit Fahrzeug Vorrang eines Schienenfahrzeugs nicht beachtet, oder gegen Wartepflicht verstoßen	**100**

Öffentliche Verkehrsmittel, Schulbusse

Aussteigenden Fahrgast behindert	**80**
Fahrgast gefährdet	**100**

Fußgängerüberwege

Bevorrechtigten Fußgänger am Überqueren gehindert, zu schnell gefahren, am Überweg überholt	**100**

Zeichen der Polizeibeamten

Zeichen oder Haltgebot nicht befolgt	**100**

Vorschriftzeichen

Unbedingtes Haltgebot (Stoppschild) nicht befolgt, trotz Rotlicht nicht an Haltlinie gehalten, dadurch anderen gefährdet	**100**
Als Fahrzeugführer im Fußgängerbereich einen Fußgänger gefährdet	**80**
bei nicht zugelassenem Fahrzeugverkehr	**100**

Serviceteil

Zulassungspflicht

Kraftfahrzeug oder Kfz-Anhänger ohne die erforderliche Zulassung oder Betriebserlaubnis auf öffentlicher Straße in Betrieb gesetzt	**100**

Sicherheit

Fristüberschreitung für Haupt- oder Zwischen- oder Bremsensonderuntersuchung um mehr als acht Monate	**80**
Beeinträchtigung der Verkehrssicherheit durch unvorschriftsmäßige Besetzung oder Ladung des Fahrzeugs	**150**
Kraftfahrzeug oder Anhänger ohne ausreichende Profilrillen oder Einschnitte oder ohne ausreichende Profil- oder Einschnittiefe	**150**

Verkehrssicherer Zustand

Verstoß gegen Vorschrift über Lenkeinrichtungen	**100**
Bremsen	**100**
Einrichtungen zur Verbindung von Fahrzeugen	**100**
Stützlast bei einachsigem Anhänger um mehr als 50 % über- oder unterschritten	**80**
Abgassonderuntersuchung: Frist um mehr als acht Monate überschritten	**80**
Auflage oder Ausnahmegenehmigung nicht nachgekommen	**100**
Mit einer Blutalkoholkonzentration von 0,8 Promille oder mehr oder entsprechender Alkoholmenge im Körper ein Kfz gefahren	**500** und ein Monat
Wiederholung (eine Eintragung)	**1000** und drei Monate
Wiederholung (mehrere Eintragungen)	**1500** und drei Monate

Punktsystem für Mehrfachtäter

Häufigste Vergehen

STRAFTATEN	PUNKTE
Gefährdung des Straßenverkehrs	**7**
Trunkenheit im Verkehr	**7**
Vollrausch	**7**
Unerlaubtes Entfernen vom Unfallort	**7**
Ein Kraftfahrzeug ohne Fahrerlaubnis, trotz Fahrverbots oder Sicherstellung/Beschlagnahme des Führerscheins, selbst führen oder dies anordnen bzw. zulassen	**6**
Gebrauch (oder Erlaubnis dazu) unversicherter Kraftfahrzeuge oder Anhänger	**6**
Kennzeichenmißbrauch	**6**
Alle anderen Verkehrsstraftaten	**5**

Ordnungswidrigkeiten

Mit 0,8 Promille oder mehr ein Kraftfahrzeug fahren	**4**
Zulässige Höchstgeschwindigkeit überschreiten: um mehr als 40 km/h innerorts, 50 km/h außerorts; Kfz mit gefährlichen Gütern und Busse mit Fahrgästen um mehr als 40 km/h	**4**
Abstandsunterschreitung: bei mehr als 80 km/h Abstand von weniger als 2/10 oder bei mehr als 130 km/h Abstand von weniger als 3/10 des halben Tachowertes	**4**
Überholen trotz Unübersichtlichkeit, unklarer Verkehrslage mit Mißachtung von Verkehrszeichen, Verkehrsstreifenbegrenzung, Fahrbahnpfeilen	**4**
Wenden, rückwärts oder in Gegenrichtung fahren auf Autobahnen oder Kraftfahrstraßen, in deren Ein- und Ausfahrten, auf Nebenbahn oder Seitenstreifen	**4**

Serviceteil

Verstoß	Punkte
Einem Fußgänger trotz klarer Absicht an einem Überweg das Überqueren nicht ermöglichen, zu schnell an Überweg heranfahren oder am Fußgängerweg überholen	4
Fahren mit zu hoher, nichtangepaßter Geschwindigkeit bei Unübersichtlichkeit, an Kreuzungen, Einmündungen, Bahnübergängen, bei schlechter Sicht oder Witterung (Nebel, Glatteis)	3
Als Fahrzeugführer Kind, Hilfsbedürftigen oder älteren Menschen gefährden durch zu schnelles Fahren, mangelnde Bremsbereitschaft, unzureichenden Seitenabstand	3
Überschreiten der Höchstgeschwindigkeit um 25 km/h außer den mit 4 Punkten bewerteten Geschwindigkeitsverstößen	3
Abstandsunterschreitung: bei mehr als 80 km/h Abstand weniger als 3/10, bei 130 km/h Abstand weniger als 4/10 des halben Tachowertes	3
Rechts überholen außerhalb geschlossener Ortschaften	3
Überholen ohne genügende Übersicht, bei unklarer Verkehrslage	3
Mißachten der Vorfahrt mit Gefährdung des Vorfahrtberechtigten	3
Am Tage ohne Abblendlicht fahren trotz erheblicher Sichtbehinderung durch Nebel, Schneefall, Regen außerhalb geschlossener Ortschaften	3
Mißachten der Vorfahrt beim Einfahren auf Autobahnen und Kraftfahrstraßen	3
Als Fahrzeugführer Vorrang eines Schienenfahrzeugs oder am Bahnübergang die Wartepflicht nicht beachten	3
Ladung nicht verkehrssicher verstauen, dadurch anderen gefährden	3
Zeichen oder Haltgebot eines Polizeibeamten nicht befolgen	3
Als Fahrzeugführer rotes Wechsellicht oder Dauerlichtzeichen nicht befolgen	3
Stoppschild nicht beachten, trotz Rotlicht nicht an der Haltlinie anhalten, dadurch anderen gefährden	3
Kraftfahrzeuge oder Anhänger ohne Zulassung oder Betriebserlaubnis mit zu hoher Achs- oder Anhängerlast u.ä., in nicht verkehrssicherem Zustand auf öffentlichen Straßen benutzen oder dies zulassen	3
Mit Reifen ohne genügende Profil- bzw. Einschnittiefe fahren, dies anordnen oder zulassen	3
Gegen Rechtsfahrgebot verstoßen bei Gegenverkehr, Überholtwerden, an Kuppen, in Kurven oder bei Unübersichtlichkeit, dabei andere gefährden	2
Abstandsunterschreitung: bei mehr als 80 km/h Abstand weniger als 4/10, bei mehr als 130 km/h Abstand weniger als 5/10 des halben Tachowertes	2
Zum Überholen ausscheren, nachfolgenden Verkehr gefährden	2
Beim Abbiegen anderes Fahrzeug am Durchfahren hindern, anderen gefährden	2
Beim Abbiegen wegen mangelnder Rücksicht Fußgänger gefährden	2
Liegengebliebenes Fahrzeug nicht vorschriftsmäßig absichern/kenntlich machen	2
An Haltestellen öffentlicher Verkehrsmittel zu schnell oder mit zu wenig Abstand vorbeifahren, Fahrgast gefährden oder behindern	2
An gekennzeichnetem, haltendem Schulbus, der Warnblinkzeichen eingeschaltet hat, zu schnell oder mit zu wenig Abstand vorbeifahren, Kind gefährden oder behindern	2
Als Halter Fahrzeug nicht zur Haupt-, Zwischen- oder Bremsensonderuntersuchung vorführen bei Fristüberschreitung um mehr als acht Monate	2
Übrige Ordnungswidrigkeiten	2

Verwarnungsgeldkatalog

Häufigste Zuwiderhandlungen

Verstoß	Regelsatz in DM
Einen anderen belästigen	**20**
➤ behindern	**40**
➤ gefährden	**60**
➤ schädigen	**75**
Als Rad- oder Mofafahrer Fahrbahn, Radweg oder Seitenstreifen nicht vorschriftsmäßig benutzt	**10**

ÜBERHOLEN

innerhalb geschlossener Ortschaft Rechts überholt	**60**
Zu langsam überholt	**60**
Beim Überholen zu wenig Seitenabstand	**60**
Beim Einordnen Überholten behindert	**40**
Beim Überholtwerden Tempo erhöht	**60**
Hinter Linksabbieger vorschriftswidrig überholt	**50**
➤ mit Sachbeschädigung	**60**
Fahrtrichtungsanzeiger nicht benutzt	**20**

Serviceteil

VORBEIFAHREN

Trotz Gegenverkehr an Fahrzeug, Absperrung, Hindernis links vorbeigefahren	**40**
➤ mit Gefährdung	**60**
➤ mit Sachbeschädigung	**75**

FAHRSTREIFEN

Gefährdung durch Fahrstreifenwechsel	**60**
➤ mit Sachbeschädigung	**75**

VORFAHRT

Als Wartepflichtiger zu schnell an bevorrechtigte Straße gefahren	**20**
Vorfahrt nicht beachtet	**50**
Vorfahrtberechtigten wesentlich behindert	**50**

ABBIEGEN, WENDEN, RÜCKWÄRTSFAHREN

Abgebogen ohne rechtzeitige Einordnung oder Beachtung nachfolgenden Verkehrs	**20**

Serviceteil

➤ mit Gefährdung	**60**
➤ mit Sachbeschädigung	**75**

BEIM ABBIEGEN IN GRUNDSTÜCK,

Wenden oder Rückwärtsfahren

➤ Verkehrsteilnehmer gefährdet	**40**
➤ mit Sachbeschädigung	**75**

Von Grundstück, Fußgängerbereich, Fahrbahnrand o.Ä. auf die Straße gefahren,

➤ anderen gefährdet	**60**
➤ mit Sachbeschädigung	**75**

BESONDERE VERKEHRSLAGE

Trotz stockenden Verkehrs in Kreuzung oder Einmündung gefahren,

➤ anderen behindert	**40**

HALTEN UND PARKEN

Unzulässig gehalten	**20**
➤ mit Behinderung	**30**
➤ in zweiter Reihe	**30**
➤ mit Behinderung	**40**

Unzulässig geparkt, z. B. auf Geh- und Radwegen, länger als eine Stunde	**50**
➤ mit Behinderung	**75**
Vor oder in Feuerwehrzufahrt	**75**

IM SCHIENENBEREICH ÖFFENTLICHER BAHNEN

Behinderung des Schienenverkehrs	**75**
Auf Schwerbehinderten-Parkplatz	**40**
In zweiter Reihe geparkt	**40**
➤ mit Behinderung	**50**
länger als 15 Minuten	**60**
➤ mit Behinderung	**75**

VORRANG EINES BERECHTIGTEN BEIM EINPARKEN

in Parklücke nicht beachtet	**20**
Nicht platzsparend gehalten oder geparkt	**20**

ABGELAUFENE PARKUHR, PARKEN OHNE SCHEIBE ODER SCHEIN

Zeitüberschreitung	**10**

Serviceteil

bis 30 Minuten	10	Fahrzeug ohne Vorsorge zur Vermeidung von Unfällen oder Verkehrsstörungen verlassen	30
bis zu 1 Stunden	20		
bis zu 2 Stunden	30	➤ mit Sachbeschädigung	50
bis zu 3 Stunden	40	**ABSCHLEPPEN**	
länger als 3 Stunden	50	Autobahn nicht bei der nächsten Ausfahrt verlassen	40
EIN- UND AUSSTEIGEN		Warnblinklicht nicht eingeschaltet	10
Anderen gefährdet	20	**WARNZEICHEN**	
➤ mit Sachbeschädigung	50	Belästigung mit Hupe oder Lichthupe; Benutzung einer Mehrton-"Fanfare"	20

Serviceteil

Nichteinschaltung von Warnblinklicht an haltendem Schulbus bei Ein-und Aussteigen	**20**
Mißbrauch des Warnlichts	**10**

BELEUCHTUNG NICHT ODER NICHT VORSCHRIFTSMÄSSIG BENUTZT

nicht rechtzeitig abgeblendet, verdeckte oder verschmutzte Beleuchtung	**20**
➤ mit Gefährdung	**30**
➤ mit Sachbeschädigung	**75**
Mit Standlicht oder unzulässig mit Fernlicht oder als	
Motorradfahrer am Tage nicht mit Abblendlicht gefahren	**20**
➤ mit Gefährdung	**30**
➤ mit Sachbeschädigung	**75**
Bei erheblicher Sichtbehinderung durch Nebel, Schneefall oder Regen innerhalb geschlossener Ortschaft am Tage nicht mit Abblendlicht gefahren	**50**
➤ mit Sachbeschädigung	**75**
Haltendes Auto nicht oder nicht vorschriftsmäßig beleuchtet/ kenntlich gemacht	**40**

Serviceteil

➤ mit Sachbeschädigung	75

AUTOBAHN UND KRAFTFAHRSTRASSEN

Gehalten	60
Bei stockendem Verkehr keine Gasse für Polizei- und Hilfsfahrzeuge gebildet	40
An nicht vorgesehener Stelle ein- oder ausgefahren	50

BAHNÜBERGÄNGE

Wartepflicht verletzt	20

ÖFFENTLICHE VERKEHRSMITTEL/ SCHULBUSSE

Abfahren von einer Haltestelle nicht ermöglicht	10
➤ mit Gefährdung	40
➤ mit Sachbeschädigung	60

SICHERHEITSGURTE, SCHUTZHELME

Gurt beim Fahren nicht angelegt	40
Helm beim Fahren nicht getragen	30

FUSSGÄNGERÜBERWEGE

Bei stockendem Verkehr auf Überweg gefahren	10

UNFALL

Als Beteiligter Verkehr nicht gesichert bzw. nicht sofort beiseitegefahren	60
Unfallspuren vor notwendigen Feststellungen beseitigt	60
Weisungen von Polizeibeamten nicht befolgt	40

VORSCHRIFTZEICHEN

Stoppschild nicht beachtet	20
Bei verengter Fahrbahn dem Gegenverkehr keinen Vorrang gewährt	10
➢ mit Gefährdung	20
➢ mit Sachbeschädigung	40
Fahrtrichtung oder Vorbeifahrt nicht befolgt	20
➢ mit Gefährdung	30
➢ mit Sachbeschädigung	50

RICHTZEICHEN

In verkehrsberuhigtem Bereich Fußgänger behindert	30
Außerhalb gekennzeichneter Parkflächen geparkt	40
➢ mit Behinderung	60

Warnung für Punktesammler

Wenn der Inhaber einer Fahrerlaubnis nach mehrfachen Verstößen bereits 9 Punkte auf seinem Konto hat, muß die Verwaltungsbehörde ihn schriftlich verwarnen und auf die einzelnen Zuwiderhandlungen hinweisen. Dem Verkehrssünder wird dabei klargemacht, daß er bei weiteren Fällen mit einer Fahreignungsprüfung rechnen muß. Möglicherweise wird dann die Fahrerlaubnis entzogen.

Haben sich 14 Punkte angesammelt, ist die Prüfung fällig, ob der Führerscheininhaber die gesetzlichen Vorschriften noch kennt und die Gefahren des Straßenverkehrs mit den erforderlichen Verhaltensweisen bewältigen kann. Die Behörde kann außerdem eine Fahrprobe vor einem amtlich anerkannten Sachverständigen oder Prüfer anordnen. Eine Vorbereitungszeit von einem Monat wird gewährt, nach zwei Monaten muß die Begutachtung stattgefunden haben. Stellt das Ergebnis nicht zufrieden, wird die Fahrerlaubnis entzogen.

Dasselbe gilt bei 18 Punkten innerhalb von zwei Jahren. Liegen aber nur Zweifel über die Nichteignung des Mehrfachtäters vor, verlangt die Behörde ein medizinisch-psychologisches Gutachten einer amtlich anerkannten Untersuchungsstelle, um anschließend über einen Entzug der Fahrerlaubnis zu entscheiden.

Diese Untersuchung wird ebenfalls fällig, wenn die 18 Punkte über einen längeren Zeitraum als zwei Jahre zusammenkommen oder wenn nach einer vorangegangenen Entziehung der Fahrerlaubnis innerhalb von zwei Jahren wieder 9 Punkte auf dem Konto ste-

hen. Wird kein Gutachten beigebracht, darf die Verwaltungsbehörde dies als Nichteignung werten.

Meldungen über den Punktestand in Flensburg erfolgen ab 9 Punkten bei der zuständigen Behörde, ab 18 Punkten auch bei der obersten Landesbehörde (vollständiger Auszug). Nach einer Entziehung der Fahrerlaubnis ist bereits bei vier neuen Punkten eine schriftliche Verwarnung fällig.

Muß man den Alkohol immer meiden?

Nein! Es stellt sich aber das Problem: Wann zuverlässig wieder 0,0 Promille?
Das hängt von der getrunkenen Alkoholmenge ab, weil in einer Stunde nur 0,1 Promille wieder vom Körper abgebaut wird (BGHSt 25.246).

Faustregel:
Getrunkene Alkoholmenge in ‰ × 10 = Zahl der Stunden nach Trinkbeginn bis 0,0 ‰ .
Beispiel: 2 ‰ = 2 × 10 = 20 Stunden; das heißt beim gleichmäßigen Trinken von stündlich 0,5 ‰ zwischen 20 und 24 Uhr erst ab 16 Uhr wieder 0,0 ‰ .
0,0 ‰ erfordern dann eine Beschränkung des Alkoholkonsums, wenn man zu einem bestimmten Zeitpunkt wieder Auto fahren will.

Faustregel:
Zahl der Stunden zwischen Trink- und Fahrbeginn / 10 = vertretbare Promille.
Beispiel: 19 Uhr Trinkbeginn und 7 Uhr Fahrtantritt = 12 Stunden = 12 / 10 = 1,2 ‰ , aber nur beim gleichmäßigen Trinken (z. B. bis 22 Uhr 0,4 ‰ je Stunde).

Eine zuverlässige Voraussage ist nicht möglich. Wer also beim Autofahren jedes alkoholbedingte Risiko ausschließen will, muß die einzige Konsequenz ziehen:
Nichts trinken! Das heißt: 0,0 Promille!
Eine ungefähre Bestimmung des Blutalkoholgehaltes (Promillewertes) läßt sich nach der Formel errechnen: Alkoholmenge in Gramm

dividiert durch Körpergewicht minus 30 Prozent bei Männern, 40 Prozent bei Frauen.

Zusätzlich hängt der Promillewert jedoch von Faktoren ab, die unterschiedlich wirken (Konstitution, Mageninhalt, Leibesfülle, Trinkgeschwindigkeit usw.), so daß eine konkrete Berechnung nicht möglich ist. Sich auf eine Trinktabelle zu berufen, kann als bewußte Fahrlässigkeit ausgelegt werden!

Eine Trinktabelle – auf die man sich nicht verlassen darf!

Blutalkoholgehalt für Männer in ‰ bei

Alkoholart[2]	Menge in ml	Körpergewicht in kg				
		50	60	70	80	90
Bier						
Leichtbier (3,1 / 25)	0,5	0,36	0,30	0,26	0,22	0,20
Lager, Pils (5,63 / 45)	0,5	0,64	0,54	0,45	0,40	0,36
Export, Märzen (6,13 / 48)	0,5	0,70	0,58	0,50	0,44	0,39
Diätbier (6,38 / 51)	0,5	0,73	0,61	0,52	0,46	0,40
Bock (7,56 / 61)	0,5	0,87	0,73	0,62	0,54	0,48
Doppelbock (8,6 / 69)	0,5	0,99	0,82	0,70	0,62	0,55
Apfelmost (5,3 / 42)	0,5	0,60	0,50	0,43	0,37	0,33
Obstwein (11 / 88)	0,2	0,50	0,42	0,36	0,31	0,28
Weißwein (11,8 / 95)	0,2	0,54	0,45	0,39	0,34	0,30
Rotwein (13 / 104)	0,2	0,59	0,50	0,42	0,37	0,33
Spitzenwein, Malaga, Tokayer (16 / 129)	0,2	0,74	0,61	0,53	0,46	0,41
Sekt, weiß (12,4 / 99)	0,2	0,56	0,47	0,40	0,35	0,31
Sekt, rot (14 / 122)	0,2	0,64	0,53	0,46	0,40	0,36
Süßwein (19,7 / 158)	0,1	0,45	0,38	0,32	0,28	0,25
Sherry (21,4 / 171)	0,1	0,49	0,41	0,35	0,31	0,27
Eierlikör[3] (20 / 160)	0,02	0,09	0,08	0,07	0,06	0,05
Fruchtsaftlikör[3] (25 / 200)	0,02	0,11	0,10	0,08	0,07	0,06
Likör[3] (30 / 240)	0,02	0,14	0,11	0,10	0,09	0,08
Korn[3] (32 / 256)	0,02	0,15	0,12	0,10	0,09	0,08
Branntwein[3] (38 / 304)	0,02	0,17	0,14	0,12	0,11	0,10
Whisky[3] (40 / 320)	0,02	0,18	0,15	0,13	0,11	0,10
Kirschwasser[3] (45 / 360)	0,02	0,21	0,17	0,15	0,13	0,11
Rum[3] (50 / 400)	0,02	0,23	0,19	0,16	0,14	0,13
Rum[3] (55 / 440)	0,02	0,25	0,21	0,18	0,16	0,14
Melissengeist[3] (80 / 640)	0,02	0,36	0,30	0,26	0,23	0,20

1) Bei Frauen ist der Blutalkoholgehalt in ‰ um 20% zu erhöhen: z:B: 0,9 ‰ anstelle von 0,75 ‰
2) In der Klammer jeweils der Alkoholgehalt in Volumen-% und das Alkoholgewicht in Gramm je Liter
3) Es handelt sich jeweils um ein Beispiel für einen bestimmten Alkoholgehalt

Anlaufstellen für Auskünfte

Automobilclubs

ACE Auto Club-Europa
Schmidener Str. 233
Tel. 0711/ 5 30 32 90
70374 Stuttgart

Allgemeiner Deutscher
Automobil-Club ADAC
Am Westpark 8
81373 München
Tel. 089/ 7676-0

Automobilclub
Kraftfahrer-Schutz (KS)
Postfach 15 12 20
München
Tel. 089/ 53 98 10

Automobilclub KVDB
Oberntiefer Straße 20
Postfach 4 40
91438 Bad Windsheim
Tel. 09841/ 4 09-0

Automobilclub von
Deutschland (AvD)
Lyoner Straße 16
60528 Frankfurt/M.

DVR-Sicherheitstraining

Für Motorradfahrer:

ADAC-Zentrale Abt. VEA
Am Westpark 8
81373 München
Tel. 089/7676-2634

ACE e.V.
Schmidener Straße 233
70374 Stuttgart
Tel. 0711/5 30 32 90

Deutsche Verkehrswacht
DVW
Am Pannacker 2
53340 Meckenheim
Tel. 02225/ 88 40

Moto-aktiv
Fortbildungs- und
Schulungseinrichtung
für Zweiradfahrer
Wehrdaerstraße 116
35041 Marburg
Tel.06420/ 8 20 85

Stiftung Verkehrssicherheit
Stettenstraße 10
60322 Frankfurt/M.
Tel. 069/ 59 33 03

TÜV Akademie Rheinland
GmbH
Verkehrs-Sicherheits-
Zentrum Eichenkamp
53332 Bornheim
Tel. 02222/ 80 86

Bundesverband der
Motorradfahrer
Biberweg 1
53819 Neunkirchen-
Seelscheid

Tel. 02247/ 7386
Institut für
Zweiradsicherheit e.V.
Westenfelder Straße 58
44866 Bochum-
Wattenscheid
Tel. 02327/ 6 09 20

Für Pkw-Fahrer:

ACE, ADAC, AVD, DVW,
TÜV Rheinland und Stiftung
Verkehrssicherheit (Adressen siehe oben)

Sicherheitsprogramm

Für LKW-Fahrer:

TÜV-Akademie Rheinland
(Adresse siehe oben)

DEKRA-Akademie
Schulze Delitzsch-Straße 49
70565 Stuttgart
Tel. 0711/ 7861-0

Für Tankwagen-Fahrer:

TÜV-Akademie Rheinland
(Adresse s.o.)

DEKRA-Akademie
(Adresse s.o.)

Serviceteil

AVS-Ausbildungsstätte für
Verkehrssicherheit
Franz-Hennes-Straße 34
50226 Frechen
Tel. 02234/ 15511

BBZ-Berufsbildungszentrum
für Straßenverkehr
Industriegebiet
35641 Schöffengrund-
Schwalbach
Tel. 06445/ 5001

Verkehrsübungsplatz
Grafschaft
Tonwerkstraße
53501 Grafschaft-
Lantershofen
Tel. 02641/ 7271

Aktion „Junge Fahrer" (AJF)
Am Pannacker 2
53340 Meckenheim
Tel. 02225/ 8 8463-67
Leitung des Sonderschutz-
programms Bundeswehr,
Bundesgrenzschutz
und Polizei: Hans-Joachim
Gebauer
Auskünfte erteilen auch alle
Orts-, Kreis- und Landesver-
kehrswachten

Kfz.- Prüfaktionen
Auskünfte erteilen:
ADAC-Zentrale
Technischer Prüfdienst
Am Westpark 8
81373 München
Tel. 089/7 67 60

Automobilclub KVDB
Oberntieferstraße 20
91438 Bad Windsheim
Tel. 09841/ 40 90

Automobilclub von
Deutschland
Lyoner Straße 16
60528 Frankfurt/M.

Deutscher Touring Automo-
bil Club
Amalienburgstr. 23
81247 München

Nachschulung

Fahrlehrer mit Nachschu-
lungserlaubnis: Auskunft
erteilen örtliche Verkehrsbe-
hörden

AFN
Sülzburgstraße 13
50937 Köln
Tel. 0221/ 41 33 11

Verband der Technischen
Überwachungsvereine
(VdTÜV)
Kurfürstenstraße 56
45138 Essen
Tel. 0201/ 81 11-0

Institut für Schulungsmaß-
nahmen beim TÜV
Norddeutschland
Colonnaden 49
20345 Hamburg

Lkw-Fahrer-Informationen
Deutscher Verkehrssicher-
heitsrat
Deutscher Kraftfahrzeug-
Überwachungsverein
DEKRA
Schulze-Delitzsch-Straße 49
70565 Stuttgart
Tel. 0711/ 78 61-387

Kraftfahrer-Schutz e.V.
Uhlandstraße 7
80336 München
Tel. 089/ 53 98 10

TÜV-Akademie Rheinland
GmbH
Verkehrssicherheitszentrum
Im Eichkamp
53332 Bornheim
Tel. 02222/ 8086

Berufsverband des Deut-
schen Güterfernverkehrs
(BDF)
Breitenbachstraße 1
60487 Frankfurt/M.

Berufsbildungszentrum für
den Straßenverkehr (BBZ)
Industriegebiet
35641 Schöffengrund-
Schwalbach
Tel. 06445/ 5001

**Seh-, Reaktions- und
Blutdrucktests**

Deutsche Verkehrswacht
Am Pannacker 2
53340 Meckenheim
Tel. 02225/ 884-0

Serviceteil

ACE
Schmidener Straße 233
70374 Stuttgart
Tel.0711/ 5 30 32 90

ADAC
Am Westpark
81373 München
Tel. 089/7676-0

Automobilclub KVDB
Oberntieferstraße 20
91438 Bad Windsheim
Tel. 09841/ 40 90

AvD
Lyoner Straße 16
60528 Frankfurt/M.
Tel. 069/ 66 06-300

Kraftfahrt-Bundesamt
- Zentrales Fahrzeugregister
- Verkehrszentralregister
(Sog. Verkehrssünderkartei)
- ZEVIS Zentrales Verkehrsinformationssystem
Fördestraße 16
Postfach 2063
24944 Flensburg-Mürwik
Tel. 0461/ 3 16-0

Wichtige Anschriften

Bund gegen Alkohol im
Straßenverkehr e.V.
Alsterchaussee 17
20149 Hamburg

Deutscher Verkehrssicherheitsrat
Herbert Rabius-Straße 24
53225 Bonn
Tel. 0228/ 40 00 10

Deutsche Verkehrswacht
Am Pannacker 2
53340 Meckenheim
Tel. 02225/ 884-0

Verkehrsclub der Bundesrepublik Deutschland (VCD)
Eifelstraße 2
53119 Bonn
Tel. 0228/ 9 85 85-0

Bundesverband der Motorradfahrer (BVDM)
Biberweg 1
53819 Neunkirchen-Seelscheid
Tel. 02247/73 86

Bund Deutscher Radfahrer
Otto-Fleck-Schneise 4
60528 Frankfurt/M.
Tel.069/ 67 89-222

Rad- und Kraftfahrerbund
Solidarität Deutschland e.V.
Fritz Remy-Straße 19
63071 Offenbach
Tel. 069/ 85 20 93/94

Senioren-Schutzbund SSB
„Graue Panther"
Rathenaustraße 2
42277 Wuppertal

Bundesvereinigung der
Fahrlehrerverbände
Postfach 61
Schützenallee 11
29553 Bienenbüttel
Tel. 05823/ 70 11

Deutsche Automobil
Treuhand (DAT)
Wollgrasweg 43
70599 Stuttgart
Tel. 0711/ 4 50 31

Deutscher Kraftfahrzeug-Überwachungsverein
DEKRA
Schulze-Delitzsch-Straße 49
70565 Stuttgart
Tel.. 0711/ 78 61-0

Zentralverband Deutsches
Kraftfahrzeuggewerbe (ZDK)
Franz-Lohe-Straße 21
53129 Bonn
Tel. 0228/ 2 60 01-0

Stichwortverzeichnis

A

Abbiegen 54
Abbiegespur 99
Abblendlicht 90, 91
Abfangen 67
ABS 46, 72, 79, 80
Abstand 43, 44, 54, 58, 74, 90, 107
Achsen 74
Aggression 50
Airbag 80, 81
Akustische Signale 62
Alkohol 103, 104, 105, 106
Alkoholeinfluß 113
Ältere Menschen 56, 66
Ampel 62, 66, 98, 108
Ampellicht 66
Ampelphasen 66
Ampelsignale 54
Amtliche Kennzeichen 27
Anhalteweg 75
Anhänger 74, 75, 76, 78
Anhängerkupplung 76
Anhängerlast 75
Anlassen 46
Anschiebemethode 47
Anschlußkabel 76
Anti-Beschlag-Beschichtung 68
Anti-Blockier-System 72, 79, 82
Aquaplaning 41, 86
ASR 82
Aufbauten 78
Auffahren 98
Auffahrunfall 91, 96, 98
Aufkleber 93
Auflaufbremse 78
Aufprall 28, 80, 100, 101
Aufprallen 100
Aufprallgeschwindigkeit 72
Ausfahrt 94, 96, 98
Außenspiegel 110
Ausweichen 67, 70, 79, 85, 101
Auto 36, 60, 110
Autoaufkleber 31
Autobahn 44, 75, 94, 96, 98, 110
Autobahnausfahrt 50
Autobahnkreuz 96, 98
Autobahnverkehr 94
Autobatterie 45

Autofahren 106
Autokolonne 56, 94
Autotür 110

B

Bagatellschaden 110
Bagatellunfall 109
Bahn 62
Bahnübergang 86
Balance 70
Batterie 45, 46, 47, 67, 92
Baustelle 60, 98, 99
Befestigung 75, 76
Beförderung 74
Behelfshaltestelle 108
Behinderte 64
Behindertenfahrzeuge 65, 108
Behindertenparkplatz 65
Beifahrer 62
Beifahrersitz 81
Beleuchtung 46, 58, 76, 91, 92, 93
Beleuchtungsanlage 90
Belüftungsschlitze 30
Berufsverkehr 51
Beschädigung 87
Blätter 41
Bleipole 47
Blendung 86
Blinde 60, 62
Blindenhund 60
Blinkleuchten 35
Blinklichter 44
Blockierbremsung 67
Blockieren 72, 79
Bootsanhänger 74
Bordcomputer 46
Brandherd 36, 38
Breitreifen 48
Bremse 26, 27, 34, 45, 58, 70, 71, 72, 78, 100
Bremsen 41, 44, 70, 79, 101
Bremsflüssigkeit 67
Bremspedal 79
Bremsverhalten 75
Bremsvorgang 42
Bremsweg 26, 45, 71, 75, 80, 85, 101
Brücken 47
Bügel 45
Bügelkette 45, 48
Bus 33, 34, 35, 62, 64, 107, 108

Stichwortverzeichnis

Busfahrer 107
Busse im Nahverkehr 107
Bußgeld 44, 105
Busspur 108

D

Dämmerung 91
Dauerstreß 107
Disco 62
DOT-Kennzeichnung 85
Drängelei 50, 51
Drängelgitter 32
Drehzahlfühler 82
Dunkelheit 65, 86, 105

E

Eigenblendung 90
Eigenlackierung 93
Ein- und Ausfahrt 94
Einbahnstraße 56
Einbiegen 78
Einfädeln 94
Einfädelspur 94
Einfahrt 94
Einmündung 54
Einmündungsbereich 100
Einparken 83
Einsatzfahrzeug 62
Einsteigen 62
Eis 45
Eiskratzer 86
Eisschicht 43
Elektronik 72, 81, 82
Eltern 28
Engstellen 99
Entfernung 94, 104
Entzug des Führerscheins 112
Erste-Hilfe-Kursus 113
Euphorie 106

F

Fachwerkstatt 86, 90
Fahrbahn 41
Fahrbahnmarkierung 99
Fahrdienst 64
Fahrerbekleidung 72
Fahrerflucht 109, 110
Fahrerlaubnis 109, 112, 113
Fahrfehler 78, 81
Fahrgast 107, 108
Fahrgastzelle 101
Fahrgefühl 67
Fahrgeschwindigkeit 56, 75
Fahrlicht 92, 98
Fahrplan 107, 108
Fahrprüfung 113
Fahrrad 60, 76

Fahrradhelm 28
Fahrradunfall 28
Fahrsicherheit 106
Fahrspur 96, 98, 100, 102, 108
Fahrstreifen 96, 108
Fahrtraining 68
Fahrtrichtung 98
Fahrtüchtigkeit 106
Fahruntüchtig 105
Fahruntüchtigkeit 106
Fahrverbot 105
Fahrverhalten 76, 81, 82, 85, 86, 88
Fahrzeugphysik 88
Fahrzeugscheinwerfer 93
Fahrzeugsicherheit 32
Fahrzeugstrom 94
Fahrzeugveränderungen 88
Falscheinschätzung 106
Falschfahrer 96, 98
Falschparker 102, 103
Falschspurparker 103
Farbsignale 62
Farbwahrnehmung 105
Federn 88
Federung 85
Felgen 85
Felgenhorn 83
Fernlicht 90
Feststellbremse 76
Feuer 36, 38
Feuerlöscher 36
Feuerwehr 38
Feuerwehr-Anfahrtzone 101
Feuerwehrsirene 62
Flensburg-Punkte 44
Folien 65
Freiheits- oder Geldstrafe 105
Freiheitsstrafe 109
Führerschein 96, 106, 109, 112, 113
Führerscheinentzug 105, 113
Führungszeugnis 113
Fußgänger 28, 54, 56, 58, 62, 66, 92, 93
Fußgängerampel 62
Fußrasten 70

G

Gangschaltung 58
Ganzjahresreifen 45
Gas 43, 45, 81
Gebläse 44
Gefährdung 44
Gefahrenstelle 107
Gegenrichtung 56, 98
Gegenspur 102
Gegenverkehr 44, 96, 98
Gehör 27, 60, 62
Gehsteig 56

Stichwortverzeichnis

Geisterfahrer 98
Gelände 57
Geldstrafe 109
Genehmigungsvermerk 88
Gepäck 76
Geradeausverkehr 54
Geräusche 44
Gesamtgewicht 76
Geschädigte 110
Geschwindigkeit 43, 67, 72, 74, 86, 94, 96
Gesehenwerden 28
Gesetzgeber 83
Gespann 74
Getriebetunnel 80
Gewässer 47
Gleichgewichtssinn 105
Gutachten 113
Güterverkehr 74

H

Haftpflichtversicherung 110
Halon 36
Halten 103
Haltestelle 32, 35, 107
Haltestellenbucht 107
Haltestellenschilder 107
Halteverbot 31
Hartmetallspikes 48
Hartschale 29
Hauptunfallursache 66
Hauptverkehrszeit 66
Hauptverursacher 74
Heckscheibe 65
Heckscheibenheizung 46
Helfer 68
Helm 28, 29, 30, 31, 68, 70, 72
Helmschloß 68
Helmtragen 28
Helmtyp 70
Hemmschwelle 106
Herbst 41, 43
Hilfestellung 62
Hindernis 70, 71, 79
Hinterachse 76
Hören 62
Hörgeschädigte 64
Hörhilfe 64
Hupe 51

J

Jugendliche 27

K

Karkasse 83
Karosserielack 87
Kasko-Versicherungsschutz 44

Katalysator 46
Kennzeichen 74
Ketten 45, 49
Kfz-Steuer 74
Kinder 26, 27, 28, 31, 32, 34, 35, 56
Kinderfahrzeuge 27
Kinderhelm 30
Kleeblatt 96
Kleidung 66
Klingel 58
Klingeln 60
Knautschzone 56
Knie 72
Kofferraumhaube 86
Kollision 30, 101
Kombination aus montageleichter Anfahr-, Schnee- u 49
Konzentrationsfähigkeit 106
Kopf 28, 72
Kopfschutz 28, 31
Körperhaltung 70
Körperverletzung 88
Kraftfahrer 104
Kraftfahrzeugschein 75
Kreuzung 54, 56
Kreuzung überqueren 54
Kreuzungsverkehr 102
Kunststoffschale 30
Kunststoffschwellen 99
Kupplung 79
Kurve 41, 49, 70, 85, 94, 109
Kurvenfahren 79, 85
Kurvenfahrten 48
Kurvensicherheit 70

L

Ladung 75, 78
Landstraße 44, 110
Lärm 98
Laster 54
Lastkraftwagen 54
Lastzug 74, 100
Laub 41
Laubbett 41
Laubpolster 41
Lauffläche 83
Lebensretter 101
Lederanzug 72
Leichtsinn 72
Leitpfosten 44, 109
Leitplanke 101, 110
Lenkbewegungen 79
Lenken 79, 101
Lenkrad 80, 86, 90
Lenkung 79, 101
Leuchtstärke 93
Licht 91, 92
Lichtausbeute 90

Stichwortverzeichnis

Lichtausgleich 93
Lichthupe 51
Lichtintensität 93
Lichtmaschine 92
Lichtmenge 90
Lichtwechsel 91
Lichtzeichen 98
Linksabbiegen 98
Lkw 74
Lkw-Fahrer 54, 74
Löschmittel 36
Lücke 96
Luftdruck 67, 85
Lüftung 68

M

Manipulation 88
Manövrieren 107
Martinshorn 62
Massenkarambolage 43, 74, 100
Medikamente 106
Medikamenteneinfluß 106
Mittellinie 44
Mittelplanke 98
Motor 47
Motorisierte Zweiräder 41
Motorrad 72, 91
Motorradfahren 71
Motorradfahrer 67, 68, 70, 71, 72, 91
Motorradsaison 67
Mountainbike 57, 58

N

Nässe 41, 72, 81
Nasse Straßen 41
Nebel 43, 47, 90, 91
Nebelfahrten 90
Nebelscheinwerfer 44, 90
Nebelschlußleuchte 44, 91
Nebelwarnanlage 44
Nebelwetter 44
Neblig 41
Norm 68
Notfall 38
Nummernschild 87

O

Öffentliche Verkehrsmittel 31, 51

P

Paketdienst 103
Panne 96
Parken 101, 103, 107
Parklücke 109
Parkplatz 101
Parksünder 103
Pedalrückwirkung 79

Per Wohnmobil unterwegs 75
Personenkraftwagen 36
Pflichtversicherung 74
Plakette 66
Plane 78
Plastikschale 30
Polizei 110
Polizeikontrolle 105
Postfahrzeug 103
Probefahrt 75
Profil 42, 76
Profilrille 83
Profiltiefe 42, 83
Promille 104, 105, 113
Promillewert 105
Prüfgerät 83
Prüfstand 81
Prüfzeichen 28

Q

Qualitätsstandard 68
Querrinne 85

R

Rad 28, 57
Räder 48, 72, 78, 81, 85
Räderaustausch 48
Radfahren 28, 56, 57
Radfahrer 51, 54, 56, 58, 60, 92
Radfahrweg 60
Radio 46
Radler 54, 56
Radschrauben 48
Radweg 54, 56
Rahmengröße 58
Rangieren 75, 78
Rauchen 44
Reaktionsfähigkeit 106
Reaktionsverhalten 67
Reaktionsvermögen 105
Rechtskraft 112
Rechtsprechung 110
Reflektoren 58, 65
Regen 41, 47, 91
Regenguß 43
Regenwetter 43
Reifen 42, 48, 58, 76, 81, 83, 85
Reifenbeschädigungen 85
Reifenflanken 83
Reifenkontrolle 83
Reifenpanne 85
Reifenplatzer 83
Reifenprofil 67
Reifenschäden 83
Reifenwechsel 48
Reifenwulst 85
Reißverschlußprinzip 100, 108

Stichwortverzeichnis

Rennfahrer 56
Restalkohol 105
Richtung 54
Richtungshandzeichen 54
Rollstuhl 64, 65
Rollstuhlfahrer 64, 65, 66
Rot 56
Rück- und Außenspiegel 54
Rückleuchten 93
Rücklicht 43, 65, 91
Rücksicht 60, 64, 67, 98
Rückspiegel 91
Rückwärtsfahren 78, 96

S

Sand 72
Säuredichte 46
Schaden 83, 109, 110
Schädiger 110
Schaukeln 45
Scheibe 44, 86, 87
Scheibenverschmutzung 44
Scheibenwischer 43, 46, 110
Scheinwerfer 43, 86, 90, 92, 93
Scheinwerferlicht 65
Schlechte Sicht 41
Schleudern 43, 81
Schlingern 43
Schlupf 82
Schnee 45, 47, 48, 91
Schneeketten 45, 48
Schräglage 67, 70
Schulbeginn 28
Schulbus 32, 34, 108
Schulbusbeförderung 35
Schulbusbegleiter 35
Schulbusunfall 32
Schulbusverkehr 34
Schule 31
Schüler 32, 33
Schulweg 31
Schulwegepläne 31
Schutzhelm 28, 58
Schutzvorrichtungen 54
Schwelbrand 38
Schwerhörigkeit 62, 64
Schwerpunkt 75
Schwips 104
Sehen 28
Sehende 60
Sehfähigkeit 105
Sehtest 113
Seitenabstand 65
Seitenstreifen 96
Seminar für auffällige Kraftfahrer 113
Senioren 66
Sicherheit 68, 70, 88

Sicherheitsabstand 42, 75, 100
Sicherheitsfaktor 92
Sicherheitsgurt 35, 64, 80, 101
Sicherheitskleidung 72
Sicherheitsnormen 28
Sicherheitstraining 67, 70, 71
Sicht 93, 109
Sichtverhältnisse 91
Sichtweite 44, 91
Silhouette 67
Sommerreifen 45, 48
Sonderfahrstreifen 108
Sonderrecht 103
Sonderspur 108
Sonneneinstrahlung 86
Spannkette 45
Spenderfahrzeug 47
Sperrschild 98
Sperrung 100
Spezialanhänger 74
Spezialfahrzeug 64
Spiegel 94
Spiele 27
Spielfahrzeug 26
Spielrecht 27
Spikes 48, 49
Spur 96
Spurrillen 42
Spurtreue 85
Stabilität 82
Stadtverkehr 108
Standlicht 90
Starthilfe 47
Starthilfekabel 46
Startkabel 47
Starttaste 38
Stau 74, 98
Steinschlag 86
Steuern 74
Steuerrad 81
Stillegung 88
Stock 60, 62
Stoßdämpfer 85, 86
Stoßstange 110
Stotterbremsen 45
Strafanzeige 109
Strafgesetzbuch 109
Straßenbahn 64
Straßenbahnschienen 64
Straßenglätte 109
Straßenmarkierung 99
Straßenverhältnisse 41
Straßenverkehr 58, 60
Straßenverkehrsgefährt 58
Streß 98
Streßsituation 106
Streulicht 86

Stichwortverzeichnis

Streulichtmenge 87
Sturz 28, 29, 31, 72
Stürzen 28

T

Tabletten 106
Tastsinn 60
Taxis 108
Tieferlegen 88
Toter Winkel 54
Training 67
Transparente 31
Trunkenheit 113
Tuning 90
Tunnel 92
TÜV 74, 88, 93

U

Überbreite 78
Übereck-Methode 54
überholen 44, 50, 56, 75, 91, 108
Überholmanöver 51
Überholspur 51, 94, 96, 102
Überlandfahrten 85
Überlebenssprung 72, 92, 136, 137, 138, 139, 144
Überprüfung 87
Überqueren 54, 66
Überquerung 64
Überweg 66
Umfunktionieren 88
Unfall 28
Unfallfahrer 110
Unfallflüchtige 109
Unfallopfer 28, 66
Unfallort 68, 110
Unfallrisiko 34
Unfallstelle 101
Unfallverletzungen 28
Unfallverursacher 109
Unterführung 92
Untersuchung 113

V

Verantwortung 74
Verkehrsbehinderung 103
Verkehrsführung 99
Verkehrsfunk 44
Verkehrsgefährdung 88
Verkehrskontrolle 88
Verkehrslage 75
Verkehrsschilder 99
Verkehrsteilnehmer 60, 64, 67, 74, 83
Verkehrsvergehen 112
Verkehrsverstöße 112
Verkehrswachten 31
Verletzungen 28
Verschleiß 86

Verschleißspuren 87
Verschluß 68, 76
Verschlußsystem 68
Versicherung 74, 109
Verursacher 110
Verwarnungsgeld 103
Verzögerungsspur 94
Visier 68, 70
Vollbremsung 26, 71
Vorrang 107
Vorschulalter 27
Vorsicht 106

W

Wahrnehmungsfähigkeit 104
Waldgebiet 41
Waldweg 58
Wanderweg 58
Warnblinkanlage 44, 98
Warnmeldung 98
Warnposten 99
Warten 110
Wartepflicht 110
Wasserkeil 43
Wasserlache 43
Wassermenge 42
Wasserschicht 42
Wendekreis 76, 78, 107
Wetterverhältnisse 91
Wiedererlangung 113
Wiedererteilung 113
Windschutzscheibe 44, 86, 87
Winter 43, 44, 47, 48
Wintereinbruch 47, 48
Winterhaftreifen 45
Winterliche Straßen 45
Winterreifen 48
Wischblätter 43, 86
Wohnmobil 75, 76

Z

Zeitverlust 98
Zusatzleuchten 90
Zusatzschilder 108
Zusatzstrahler 90
Zweirad 54, 57, 67, 91
Zweiradfahrer 56